東大物理学者が教える

# 創造力のレッスン

上田正仁
*Ueda Masahito*

PHP新書

# はじめに　～成果を出せる人に共通する「創造力」

## ▩自ら課題を見つけるプロセスが創造力を育てる

大学院に入ったばかりの学生には、指導教員が研究テーマを与えるのが一般的ですが、私の研究室では研究テーマは与えません。

なぜ学生にテーマを与えないのかというと、最初にテーマを与えると自ら課題を発見するチャンスを学生から奪うことになるからです。創造力を育てるためには、自ら課題を見つける訓練と、それを解決する方法を自ら編み出す訓練の両方が必要ですが、テーマを与えると、この前半の部分が欠落してしまうのです。

自ら課題を見つけるためには、徹底的な情報収集を行い、集めた資料を丹念に読み込み、既知の事実の関連を整理・分析し、まだ解明されていない事柄をリストアップして、それらの重要度を吟味するという一連の作業が必要です。この作業を通じて創造力が鍛えられていくわけですが、指導教員がテーマを与えるとこの肝心のプロセスを経ないでも研究成果が出てしまうため、成果は早く出ますが創造力が育ちにくくなるのです。

また、テーマを与えられると、指導教員を超える人材が育ちにくいというデメリットも生じます。例えば、教員の能力がものすごく優れている場合、研究のアイディアが教員からどんどん出てきます。そうすると教員は、「今、こんなアイディアを考えているんだけど、関心ある?」と学生に話したくなり、学生が関心を示すと(最初から研究のアイディアを持っている学生は少ないですから、教員から面白そうなアイディアを聞かされれば、ほとんどの学生は飛びつきます)、「じゃあ、やってみる?」となります。

指導教員の能力が高すぎると、研究の全体を俯瞰(ふかん)できるのは教員だけで、周りにいる学生や研究員たちはその一部を分担することになり、全体を把握している教員を超えることができなくなってしまいます。

学生が自らテーマを見つけることの最大のメリットは、自分で見つけたテーマと教員から与えられたテーマとでは、本人の好奇心や意欲の度合いが格段に違うことです。その結果、学生は並外れた努力をするようになり、結果として大きな成果を生み出せるようになります。

## 独創性の価値は質の高さの三乗

人は誰しもできるだけ早く成果を出したいと望みます。同時に、できるだけ質の高い研究（仕事）をしたいと思うでしょう。

今、能力が同じ二人の大学院生（AさんとBさん）がいるとします。そして、研究の質は費やした時間に比例するものと仮定しましょう。一年間を費やしてAさんは研究の質の高さが二分の一の論文を二本、Bさんは研究の質の高さが一の論文を一本書いたとします。研究の質は費やした時間に比例するので、二本論文を書いたAさんの研究の質の高さは、Bさんの半分になるわけです。

なるべく早く成果を上げたいと思うAさんの気持ちはよくわかります。

実際、一年に二本という速いペースで論文を書くと結構高い評価がもらえます。

でも、ここに落とし穴があります。それは、研究の質はどう評価されるかという問題です。研究の質の客観的な評価は簡単ではありませんが、私の肌感覚では、研究は質の高さの三乗くらいで評価されます。Aさんは、半年に一本のペースで年に二本論文を書いています。半年に一本というハイペースなので、研究が十分に熟していない段階で論文を書くことになるため、クオリティは落ちて一本で二分の一の成果になります。普通に計算すれば二分の一＋二分の一＝一なので一年で一になるはずですが、三乗で計算すると、一本の論文の価値は二分の一×二分の一×二分の一＝八分の一になり、それが一年で二本ですから八分の一＋八分の一＝四分の一となります。

一方、Bさんは、半年間の研究では質の高さに納得がいかず、もう半年粘り、一年で一本の論文を仕上げました。AさんとBさんは、努力の量も能力の高さも同じと仮定します。Bさんは、一年で一本なのでクオリティは一です。これを三乗すると、一×一×一＝一となります。Aさんは、一年に二本の論文を書いて成果は四分の一なのに対して、Bさんは一年で一本の論文を書いて成果は一。AさんとBさんとでは成果が四倍も違ってきます。

中には研究の質をもっと厳しく追究する学生もいて、Cさんは一本の論文を書くのに二年かけます。すると、運が良ければ（ここから先は運も関係してきます）論文一本で二の成果が得られます。これを三乗すると、二×二×二＝八になります。AさんがCさんに追いつくには、一年で四分の一なので、三十二年かかり、Bさんは八年かかります。

こうなると、AさんもBさんも、Cさんには追いつけなくなってしまうわけです。

もちろん、神様は平等ではありませんから、中には半年で一の成果を出せる人もいますが、私が見ている限りは優秀な人でも普通は二分の一程度の成果しか出せません。

もっとも一本の論文で二の成果を出せる人もめったにいませんが、それができれば論文一本で教授になれます。論文一本で三の成果を出せる人はノーベル賞を取れます。これは誰も追いつけないレベルですが、ノーベル賞といえども研究の質は無限大ではなく三なのです。ただし、その研究の価値は三×三×三＝二七なので絶大です。波及効果ははるかに大きくなります。たとえて言うと、山の高さが二倍の山は遠くからでも見ることができ、三倍高くなるとどこからでも見えます。ちなみに、アインシュタインは三の成果を生涯で五つ（光電効果、ブラウン運動、特殊相対性理論、一般相対性理論、ボース＝アインシュタイン凝縮）も出しました。これらはいずれもノーベル賞級の業績といわれています。

一番面白いゲームと二番目に面白いゲームがあって、「どちらを買いますか？」と問うと、ほとんどの人は一番面白いものを買います。研究も同じで、質の高い研究だけが残ります。世の中というのは、たいていそのようにできています。

ただ、多くの人たち――特に若い人たち――は早く成果を上げたいという焦りがあるため、粘りに粘って研究の質を高めた方が最終的な大きな成果が得られるという事実が見えなくなりがちです。

## ■創造力は天賦のものではなく誰でも発揮できる

本書のテーマである「創造力」――これを発揮できる人とできない人の違いはどこにあるのでしょうか。

多くの人は「才能」だと言います。誰かが成功したのを見ると、「あの人が成功できたのは、才能があったからだ」と言って片づけてしまいます。これは成功という「結果」だけを見ているからです。成功の裏でその人がどんなに努力していても、それは人の目に触れるものではないから、「やっぱり才能だ」となってしまうのです。

つまり、「才能」とは「結果」でしか測られないものなのです。結果を出した人には「才能がある」と言い、結果が出ない人には「才能がない」と言うのです。これは同じ人物に対しても当てはまります。ある時期に結果を出せないと「才能がない」と言われ、別の時期に結果を出すと「才能がある」と言われる。こうなってくると、「才能は天賦のもの」というのは幻想でしかないことがわかります。およそすべての知的活動は脳で行われます。創造的な仕事をするためには、それに適した脳内のニューラルネットワークを時間をかけて形成していく必要があります。ここに創造力が決して天賦のものではなく後天的なものと考える根拠があります。

研究の世界では、地頭（論理的思考や発想、コミュニケーションなどの能力が高いこと）が良く、学業成績も優秀で、ＩＱ（知能指数）も高いという人はいくらでもいますが、その人が独創的な研究をして必ず成果を出せるかというと、そうとは限りません。

なぜかというと、「地頭の良さ」や「学業成績」、「ＩＱの高さ」は目に見える比較的簡単に測れる指標に基づく刹那刹那の判断によるところが大きいからです。例えば、ＩＱを測る知能テストでは、短時間で効率よくより多くの問題を解くことが求められますが、創造的な仕事をするのに必要な能力は、ＩＱテストのような「瞬発力」ではなく、長いスパンで考え続けることができる「持久力」です。

創造力を発揮するには、地頭の良さも学業成績もＩＱの高さも必要ありません。もともと持っている能力よりも、その後の努力による成長の寄与の方が圧倒的に大きいからです。

私の研究室の学生たちは、入ってきた段階での能力が一の人もいれば二の人も三の人もいます。単純に考えれば、二の人の能力は一の人の二倍あり、三の人の能力は一の人の三倍あることになります。一の人にとっては、二倍も三倍も能力が違う人にはとうてい太刀打ちできないと感じられるはずです。

しかし、その後粘り強く努力を続けると、一の人の能力は二倍三倍どころか、一〇倍にも一〇〇倍にもなります。私は実際にそのように伸びていった学生を数多く知っています。一〇〇倍に伸びたあとから見ると、一か二かという初期値の違いは重要でないことがわかります。あることを始めた時点で持っていた能力よりも、その後の努力による伸びの方がはるかに大きいのです。

本書で私が述べたい主題は「創造力は誰でも発揮できる」ということです。

それは、「創造力には才能は関係ない」ことと、「創造力は思いつきではない」ことが理由です。もし、創造力が何もないところからパッとひらめくという〝思いつき〟であったなら、「瞬発力」があれば創造力は発揮できることになってしまいますが、実際にはそうではありません。

創造力は、システマティックに鍛えれば誰でも発揮できるものなのです。

詳しくは第2章、第3章に譲りますが、簡単に説明すると、創造力を発揮するために、まずは自分独自の課題やテーマを決めることから始めます。そのために自分の興味がある分野の情報を収集し、集めた資料を丹念に読み込むという作業を行います。その作業を通じて収集した情報を整理し分析していくことで、独自の課題やテーマを見つけることができます。このような一連の作業を手順通りに地道にやっていくことで創造力が育まれていきます。

このような作業は長い時間がかかるため、なかなか成果が出なければ、焦ったり、落ち込んだりすることもあります。そのときに必要になってくるのが、継続的に努力を続け最後までやり遂げる「粘る力」です。

創造的な仕事をした人は、「粘る力」を発揮することができたからこそ、並外れた努力を継続でき、成功することができたのです。

ですから、読者のみなさんも「創造力なんて、才能のある人のもの。だから、自分には関係ない」などと思わないでください。本書を読むことでシステマティックに粘り強くやれば、誰でも創造力は鍛えられるのです。

上田正仁

# 創造力のレッスン——目次

## 第1章　創造性とは ゼロから一をつくることではない

# 第2章

# 自らの可能性を引き出すために「独自のテーマ」を見つける

## 第3章 山頂に到達するためには谷底を通らなければならない

# 第4章 才能という名の呪縛から自らを解放する

# 第5章 「創造力」を育て続けるために

編集協力：石井綾子
図版・イラスト作成：齋藤稔（G-RAM）

# 第1章

Creativeness

# 創造性とは<br>ゼロから一を<br>つくることではない

## 創造性は〝思いつき〟とは異なる

夏目漱石の代表作のひとつである『坊っちゃん』の執筆期間は、わずか十日足らずといわれています。ビートルズの名曲『イエスタデイ』は、ポール・マッカートニーが寝ている間に夢の中で流れていたメロディをもとに作曲したそうです。

このように、あるとき突然アイディアをひらめいて、物語やメロディが浮かんできたり、世紀の発明を思いついたり、科学の謎を解明できたという話はわりとよく聞きます。だからでしょうか。創造力という言葉を聞くと多くの人が――〝天才〟と呼ばれる人が、何もないところから突然、まるで天から降ってくるようにしてアイディアを思いつくこと――と考えてしまうのも無理はありません。

ですが、創造力は思いつきのように、あるとき突然ゼロから一をつくることではありません。私はこれまで〝天才〟と呼ばれる方々を何人も近くで見てきましたが、彼らは決して思いつきでアイディアを出しているわけではありません。日々の地道な研究の積み重ねから、新しいアイディアが花開くまでたゆまぬ努力を継続しています。ひらめきは、そのような努力の積み重ねの結果として現れます。

もっと具体的にいうと、夏目漱石が一週間で『坊っちゃん』を書けたのは、彼がそれまで研鑽（けんさん）を積み重ねてきた文学や英文学に関する圧倒的な教養が土台にあったからこそでしょう。ポール・マッカートニーにしても音楽に関するあらゆる素養の蓄積があり、常に音楽のことを考えていたからこそ夢にまでメロディが現れたと考えるべきです。

それでは「創造力」とは何なのでしょうか？

前述した通り、天才や才能のある人の思いつきではないことは確かです。あるいは、天才や才能があると思われている人たちだけが、発揮できるものでもありません。創造力は、学業成績の優秀さでもなければ、地頭の良さ、ＩＱの高さとも関係がありません。創造力を発揮するために必要なのは、持って生まれた能力よりも、その後の努力の蓄積の方がはるかに影響が大きいからです。

創造力を発揮する土台づくりには、地道な努力が欠かせません。

「創造」とは〝今までにないものをつくり出すこと〟です。今までにないものをつくり出すためには、どれがこれまでにあったもので、どれがこれまでにないものかを判断できなければなりません。その判断を下すためには、これまでにあった過去の型を全部知っていなければなりません。なぜなら、これまでにあった型を知って初めて「これが新しいもの（＝型破り）だ」と認識できるからです。つまり、この認識に到達すること自体に膨大な時間と努力が必要になります。だからこそ、創造力を発揮するには地道な努力が欠かせないのです。

創造とは、今までにないものをつくり出すことですが、ゼロから一をつくり出すこととは異なります。専門分野に関して現存するすべての型を知った上で、それらを土台にして新しい型を生み出すことです。

これとは逆に、既存の型を土台とせずに、自分勝手にまったく新しいものをつくろうとすると、単なる〝風変わりなもの〟になってしまいます。つくった本人がいいと思っているだけで、他の人には良さが伝わらない形無しとなってしまいます。空に浮かぶ雲は時々刻々と形を変えていきますが、それを見て「これまでにはない新しい形だ」と言っているのと同じです。

雲の基本的な形は、地上からどれくらいの高さにできるか、どんな形か、雨を降らすかなどの特徴によって一〇種類（巻雲（けんうん）、巻層雲、巻積雲、高層雲、高積雲、乱層雲、層積雲、積雲、層雲、積乱雲）に分類されますが、その特徴によりさらに細かく分類されます。雲の専門家は、過去の膨大なデータから雲の形を学んだ上で、どの雲がこれまでにあったもので、どれがこれまでにない雲かを見分けます。ある人が「これまでにない雲を発見した」と言っても、専門家が「いや、これは前にあったものだ」というデータを示せば、新しい発見にはなりません。逆に、専門家の誰もが「これは今までに見たことがない」と判断すれば、それは新発見になります。

ただ、この新発見は素人が見ても何もわかりません。新発見という創造性を判断できるのは、これまでに観測された雲の形のパターンをすべて知っている人にしかできないことなのです。それを知るためには、多くの文献を読まなければなりません。このように創造力を発揮したり、それを理解するためには不断の努力の積み重ねが欠かせないのです。

## 独創性はすべての型を知ったあとに生まれる

創造力を発揮するためには、その分野の型（創造力の土台となるもの）を知る必要があることがおわかりいただけたかと思います。すべての型を知っている人が、あるとき、どの型にも当てはまらないものを発見したときに独創性が生まれます。

十九世紀のフランス象徴派の詩人であるマラルメの詩に『Brise marine（邦訳「海の微風」）』（『マラルメ全集Ⅰ』筑摩書房）という作品があります。その詩の冒頭の一節は次のようなものです。

ああ　肉体は悲しい、すべての書は読まれたり

これは詩なので解釈は様々ですが、私は「すべての書は読まれたり」は、「すべての書物を読んでしまった、すべての型を知ってしまった」。「肉体は悲しい」は、「自分の精神は満たされない」と解釈しました。「すべての書物を読んで型を知っても、私の精神は満たされない」――そう感じたマラルメは既知の型に当てはまらない独創的な詩を書いたのではないかと思います。

文芸評論家の小林秀雄の著書『モオツァルト・無常という事』（新潮文庫）という短編集の中の「当麻（たえま）」に出てくる有名な一文があります。

美しい「花」がある、「花」の美しさという様なものはない

これも様々な解釈のある一文ですが、私は、目の前に存在する花の美しさを言葉という概念で表現しようとすると、本来の美しさからかけ離れたものにならざるを得ないということだと解釈しています。言葉では表現できなくても、色合いやたたずまいが美しいと感じる型は存在するのではないかと思います。そして、それが華道が存在するゆえんではないかと思うのです。

創造力を発揮して、これまでにないものをつくり出した人の例として、サルヴァトーレ・フェラガモを取り上げたいと思います。

サルヴァトーレ・フェラガモは、イタリア発祥のファッションブランド、フェラガモの創業者です。フェラガモは、一八九八年にイタリア南部の田舎町ボニートで貧しい農家の一四人兄弟の一一番目の子どもとして生まれました。幼い頃から靴づくりに惹(ひ)かれていた彼は、わずか六歳のときに教会に行く妹のために最初の靴をつくります。

その後、家庭の経済的事情から九歳で小学校を中退すると、両親の反対を押し切って――当時、靴職人はイタリアでもっとも貧しい人が就く職業とされていました――ナポリの靴職人のもとに修業に出て、十一歳で故郷に戻ると靴屋を開業します。店は繁盛するものの、さらに大きな夢を抱いたフェラガモは、十五歳のときにすでに渡米していた兄たちを追いかけてカリフォルニアに渡り、サンタバーバラにオーダーメイドと修理を行う靴屋をオープンします。その店がハリウッドの映画関係者の間で評判を呼び、彼の名は一躍世に知られるようになりました。

ところが、当時アメリカで生産されていた靴に疑問を抱いたフェラガモは、「人間の足にフィットする履き心地のいい靴をつくりたい。そのためには、足そのものの構造を知る必要がある」という思いに駆られ、南カリフォルニア大学の夜間コースで解剖学を学び始めます。彼を指導した教授は、フェラガモが足を痛めない良い靴をつくるために解剖学を学んでいることを知ると、足の骨格から、足のどこにどのように力が働くかまでを熱心に教えたそうです。

その後、体重は土踏まずのアーチに垂直にかかることを発見したフェラガモは、当時先端が尖(とが)った靴しかなかったところへ、先端の丸いフレンチ・トゥというまったく新しい靴型をつくります。またステージで踊りやすいようにと、かかとからつま先まで一枚の板でつくったことでより安定感をもたらしたステージ・トゥも開発。ハリウッド・スターたちを虜にし、「スターの靴職人」と称されるほどの大成功を収めることになりました。フェラガモは、それ以前の誰も考えつかなかった形状や素材を活用することで新しい靴を次々につくり出したため、その特許件数は三五〇ほどにもなったといわれています。

　創造力を発揮するためには、型が必要であるとお話ししました。フェラガモにとっての型は、靴職人たちに受け継がれてきた靴づくりの知識と技術に加えて、ハリウッドの映画関係者たちから学んだデザイナーとしてのセンスや感性でしょう。これらを武器にしてフェラガモはそこそこの成功を収めますが、フェラガモの独創性が発揮されたのは大学で解剖学を学んでからだといえます。

　フェラガモが「履き心地がよく、かつデザイン性に優れた靴」という、これまでにないまったく新しい靴をつくり出せたのは、靴に関する膨大な知識や技術、センスや感性というすべての型を学んだ上で、大学で足の骨格について研究を重ねた結果、成し遂げられたことなのです。フェラガモの例からも「創造性は、決して天才の思いつきなどではなく、地道な努力の結晶の賜物として発揮されるものだ」ということがおわかりいただけるかと思います。

## 創造力の基礎となる「マニュアル力」とは？

「創造力を発揮するためには、あらゆる既存の型を知らなければならない」というお話をしましたが、「あらゆる既存の型」はその人が志す分野によって違います。夏目漱石にとっては文学、ポール・マッカートニーにとっては音楽、フェラガモにとっては靴でした。

では「自分にとっての型とは何だろう？」という読者のために、どの分野にとっても当てはまる型の説明をしていきたいと思います。

私の前著『東大物理学者が教える「考える力」の鍛え方』（ＰＨＰ文庫）では、創造力を発揮するための土台として「マニュアル力」と「考える力」が必要である、と説いています。この「マニュアル力」と「考える力」が、既知のあらゆる型とそれらの組み合わせ（応用）であるとお考えください。

マニュアル力とは何か。創造力の土台の一番下にくるもので、「与えられた問題や課題を与えられた時間内に効率よく解く能力」、あるいは「課題をルールやマニュアルに従っててきぱきと処理する能力」のことを言います。

わかりやすい例でいうと、受験勉強で鍛えることができる能力がマニュアル力です。受験で成功するには、答えが一通りに決まっている問題を短時間で要領よく解く能力が不可欠です。東京大学の理系数学の入試問題は、百五十分で六問出題されますが、ある問題に興味を惹かれて一問に二時間かけてしまう人は受かりません。全問解けなくても、合格ライン以上の点数を取れれば受かります。明確な採点基準があり、どの問題で点数を取るかは関係なく総合点で合否が決まるのです。

しかし、マニュアル力は想定外の事態に対応しにくく、マニュアルに書いてあること以外のことができないというデメリットもあります。それでは、「マニュアル力は創造力を奪うものなのか」というと、そんなことはありません。

確かに、過度の受験勉強は、問題には一通りの決まった正解が存在するという固定観念を植え付けてしまう傾向があるため、正解のない問題（実社会で起こる問題のほとんどは正解がありません）を前にすると戸惑ってしまうことになります。

とはいえ、マニュアル力が創造力を発揮するのにまったく寄与しないのかといえばそれも違います。前述したように、マニュアル力は創造力の土台になるものです。マニュアル力で要求される能力は、創造的な仕事をするための基礎力として活用できるということです。

マニュアル力をサービス業の例でみてみましょう。

この業種に与えられた課題とは、顧客が期待しているサービスを提供するということになるでしょう。その課題を満たすために、スターバックスやマリオットホテルなど世界的に展開している企業では、詳細なマニュアルを作成して社員教育を徹底しています。そのため、お客さんはどの店に行っても、どの場所のホテルに泊まっても期待通りのサービスを受けることができます。マニュアル化されたサービスでは個性やオリジナリティを感じることはありませんが、一定の質は保証されているという安心感を与えることはできます。そして、この安心感、信頼感がリピーターの確保につながるのです。

さて、一通りマニュアル通りに仕事（課題）がこなせるようになってくると、余裕ができますからマニュアルに書いていない想定外の事態に対して「どのように解決したらいいか」を自分で考えることができるようになります。「マニュアル力」が上がれば、その基礎の上にある応用のステージである「考える力」が実行できるようになり、最終的に「考える力」を駆使して自ら課題を見出し、それを独自の方法で解決する「創造力」を発揮できるようになるのです。

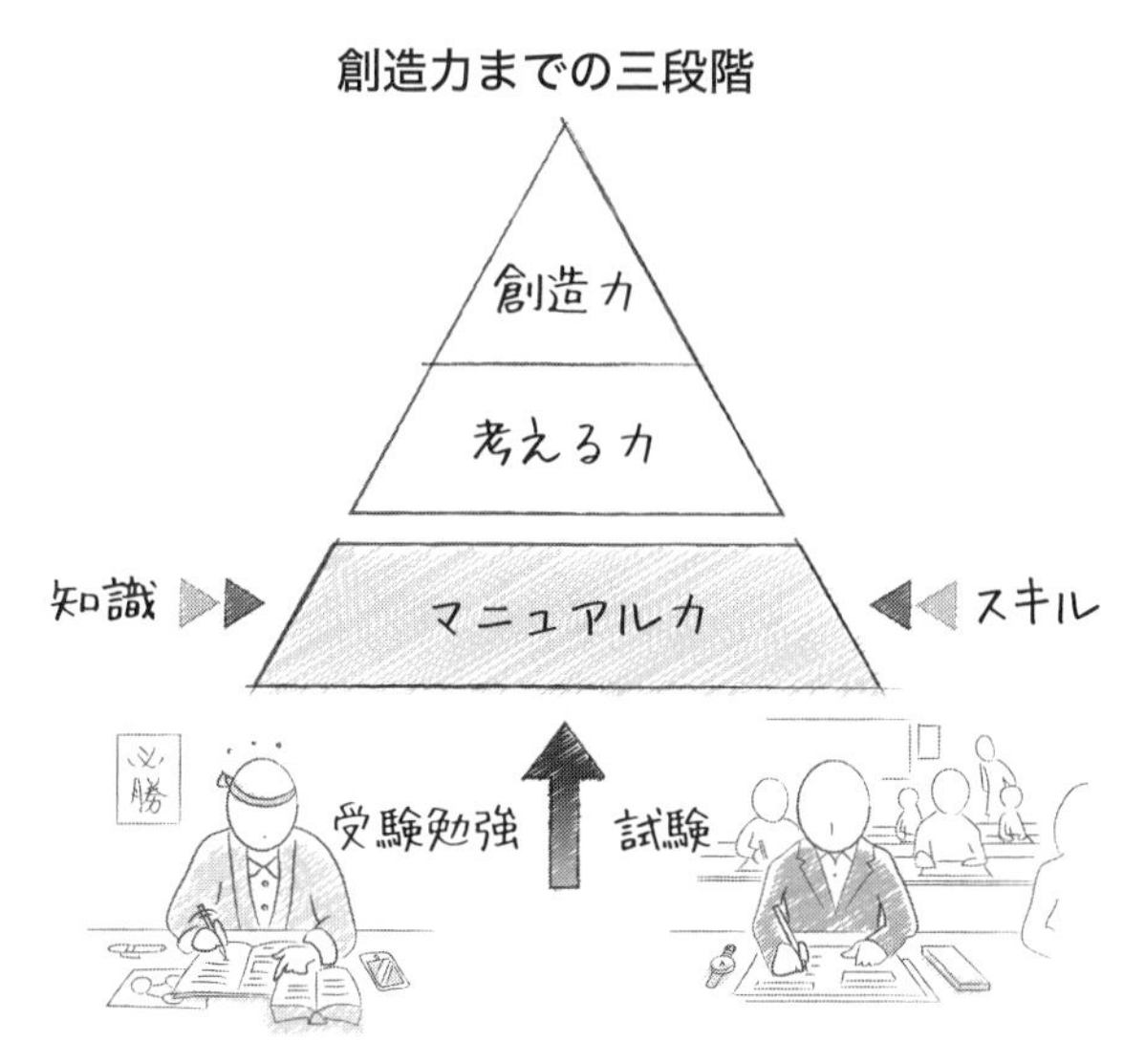


マニュアル力は創造力の土台になる

ホテルで働いている人を例にとって、説明しましょう。ある人がホテルに就職して、最初はベッドメーキングなどのマニュアルを覚えて接客係として仕事をこなしていきます。何年か経験を積んだのちに、コンシェルジュに昇格しました。コンシェルジュはホテルの宿泊客のあらゆる要望に対応する案内人といった職種ですが、この職種は当然「マニュアル力」だけではこなせません。「考える力」――すなわち「難しい問題や課題をあきらめずに最後まで解き切る力」――を駆使して仕事に当たります。

さらに、コンシェルジュとしての仕

事ぶりが認められて企画部に栄転することになりました。企画部で求められるのは、これまでにはなかったまったく新しいサービスを企画・立案することです。そこで、「マニュアル力」と「考える力」で培ってきた知識と応用力をフル活用して、自ら新しい課題を見出すことで創造力を発揮していきます。

これまでにないまったく新しいサービスといえば、ディズニーアンバサダーホテル内にあるレストランでは、宿泊客が食事をしているテーブルにミッキーマウスをはじめとするディズニーのキャラクターたちがやってきてくれるというサービスがあります。大変人気のあるサービスで、平日でも予約がなかなか取れないほどだそうです。このようなお客さんの期待をはるかに上回るサービスは、既存のサービス（型）を組み合わせるだけでは実現することはできず、創造力が求められます。

話をマニュアル力に戻しますと、それぞれの分野における基本的な知見の集合体が、その分野のマニュアルとなるわけです。受験であればそれぞれの学校が要求する学力、サービス業であればその企業の接客マニュアルなどです。

マニュアル力を身につけるためには、マニュアルに書かれていることを暗唱できるくらいになるまで習得し、それを実際に運用できるようになるまで練習を積み重ねることが必要です。受験勉強でいうと、教科書に書かれている基礎事項をマスターし、それに関する練習問題をたくさん解くことによって基礎事項が運用できるようになります。

誤解のないように言いますと、受験勉強を経験しないとマニュアル力は高められないかというとそんなことはありません。マニュアル力は、受験勉強を経験しなくても、しっかりとしたマニュアルがあれば、機械的に身につけることができる力なのです。

## マニュアル力の応用となる「考える力」とは？

次は「マニュアル力」という基礎の上にある「考える力」について解説します。先ほど少しふれたとおり、「考える力」とは「難しい問題や課題をあきらめずに最後まで解き切る力」です。

高校までの勉強は、マニュアル力さえあれば解けてしまうものがほとんどで、できるだけ多くの問題を解いて正解にたどり着いた人が一番になれます。ところが大学で評価されるのは、難しい課題を長い時間をかけて解きほぐしていって、あきらめずに最後まで解き切るという「考える力」です。

大学で「この課題に半年間かけて取り組んでください」と「考える力」を要求されて、「一体、何から始めればいいんだろう?」と戸惑ってしまう学生も少なくありません。そこで指導を受けながら、文献を集めてきて、自分の頭の中で消化してまとめる、という訓練をするところから大学での学びを始めることになります。

私の専門である物理学を例にとって「考える力」を説明しましょう。

物理学におけるマニュアル力は、学部学生が学ぶ専門科目に相当します。考える力とは、専門科目の知識を応用して実際の研究テーマを解く力ということになります。

先ほど、高校までの勉強はマニュアル力があれば解けるが、大学では考える力が必要だと書きましたが、物理学においては大学に入学した時点ではまだマニュアル力さえ身についていません。

確かに高校でも物理を習いますが、高校で習う知識は入門編といっていい程度のもので、マニュアル力レベルの物理学は大学に入ってから学ぶことになります。具体的にいうと、物理学の基礎となる専門科目には「力学、電磁気学、熱力学、量子力学、統計力学」などがあり、多くの大学ではこれらの科目を必修科目にしています。そのほかに「原子物理学、相対性理論、物性物理学、素粒子論、流体力学」などを選択科目として履修します。それに加えて、物理学に出てくる方程式を解くために必要な「物理数学」や、教科書や論文を読むための「英語力」が必要です。

物理の学生が学部で勉強するこれらの専門科目は、原理や基礎方程式に基づいて様々な現象を演繹(えんえき)的に導出するという、物理学の基本的な考え方とそのために必要な基礎的な理論と実験手法を学ぶためのもので、すでにわかっていることを体系的に学んでいきます。物理学に限らずマニュアルとは「既存の知識」に関することなのです。とはいえ、これらの科目を学部生の期間にすべて習得するわけですから、勉強しないといけません。ひたすら勉強して初めてマニュアル力が身につき、研究テーマに取り組む入り口に立てるわけです。

実際に、研究テーマに取り組むのは、学部を卒業して大学院の修士課程（二年間）に入ってからになります。修士課程での研究テーマは普通は指導教員が与えますが、教員との議論を通して学生自らがテーマを決めることもあります。

その研究テーマを解くには、学部で学んだ専門科目の知識を組み合わせていくことになります。この基礎知識を組み合わせて解く力が「考える力」です。

ただ、研究テーマに選ばれるものは当然「まだわかっていないもの」になるため、すでにわかっている知識（専門科目の知識）だけでは解けません。そこで、専門科目の知識と最先端の知見とのギャップを埋めるために、研究テーマに関する論文を読みます。論文に書かれていることは最先端のことなので、まだ既存の知識としては確立していませんが、それを自分の頭で理解して整理していきます。

物理学は自然界で起きている様々な現象を解明する学問ですから、自然現象を物理法則までさかのぼって深く分析することが必要です。実験結果を分析して、それを基礎方程式で記述できるレベルまで分解していくことで、この法則とこの法則を組み合わせればこのような現象が出てくる、ということが理解できるのです。

まとめると、物理学における研究テーマは、個別の知識だけでは解くことができず、様々な知識（専門科目の知識や、最新の論文の成果）、法則、原理を組み合わせて解く作業が求められます。どう解けばいいのかわからない複雑な問題の場合は、解けるようになるまで要素に分解する作業が必要です。この要素に分解する作業には、試行錯誤が必須であり、時間と根気強さが求められます。最終的な答えにたどり着くまで、あきらめずに考え続ける作業が「考える力」を鍛えてくれるのです。

## 「考える力」は応用問題を解く訓練で鍛える

実は受験勉強もやり方によっては「考える力」を鍛えることができます。

東京大学では考える力を持った学生に来てほしいと思っていますので、入学試験問題はいくつかの単元を組み合わせないと解けない問題（ただの暗記だけでは解けない問題）が出題されています。

例えば数学は、公式を暗記して練習問題を解くことを繰り返していけば解ける問題がいくつもあります。しかし難しい入試問題になると、ひとつの単元の知識だけでは解けず、いくつかの単元を組み合わせないと解けません。

高校数学の科目は現在、数学Ⅰ、数学A、数学Ⅱ、数学B、数学Ⅲ、数学Cという六つの科目に分かれており、数学Ⅰでは「数と式、図形と計量、二次関数、データの分析」、数学Ⅲでは「極限、微分法、積分法」などのように単元に分かれています。難しい入試問題では、例えば数学Ⅰの二次関数と数学Ⅲの積分法を組み合わせないと解けないという問題が出題されます。

これらを解くには、マニュアル力だけではダメで、高校数学で学んだ基礎知識を総動員した上で、どの知識とどの知識を組み合わせれば解けるのかを考え、さらに複雑な問題を解く際は、解けるようになるまで問題を要素に分解していくことが求められます。つまりは、考える力が必要なのです。このことを意識しつつ、質の高い入試問題を根気強く解くことによって、考える力はある程度までは鍛えることができるのです。

考える力を身につけるには、マニュアルに含まれる基礎知識を組み合わせることで解決できる「応用問題」を解く訓練が役立ちます。解き方を覚えるのではなく、解くために必要な基本事項は何であり、それをどう組み合わせることによって問題が解けるのかを分析する作業を続けることによって考える力は鍛えられます。

次に、ビジネスの具体例として、編集者の仕事を考えてみましょう。

この場合、マニュアル力に属する基礎知識としては、つくりたい本に関連する書籍を読むこと・情報を集めること、誰に取材（依頼）すればつくりたい本ができるのかに関する情報や人脈、企画会議でのプレゼンテーションの仕方、取材先へのアポイントメント取りのやり方、本づくりの段取り、取材相手への質問の仕方や話の聞き方などが挙げられるでしょう。

考える力に属する応用問題とは、企画書をつくる、本をつくるなどです。企画書をつくるなら、先に述べた情報収集と人脈に関する基礎知識を組み合わせることで企画が出来上がります。

この例のように、ご自分の仕事などに当てはめて「考える力」を鍛える訓練を続けていくことで長時間の思考ができるようになり、あきらめずに最後まで考え続ける力が身について問題や課題を解決することができるようになります。

## 「創造力」には、問題発見能力が問われる

高校までの勉強は「マニュアル力」を身につけることが主目的であり、大学に入ってからは「考える力」を鍛えることが必要だと述べました。大学院、特に博士課程（三年間）で鍛えられるのは「創造力」です。

大学院は最初の二年間が前期課程（修士課程）、それに続く三年間が後期課程（博士課程）と呼ばれます。修士課程では、研究テーマは指導教員が与える場合が多いですが、博士課程では独自の研究課題を設定することが求められます。博士の学位授与要件として、

既存の文献に新しい知見を加えた研究成果を博士論文として提出しなければならないからです。

博士課程で求められるのは、オリジナリティです。難しい問題を解ける人は、「あの人は頭がいいね」とは言われても、オリジナリティがあるとは言われません。他の人が疑問に感じないところ、常識と考えられているところに新たな課題を見出し、それを独自の方法で解決できた人が「独創的な人」として評価されます。

でもこれは、博士課程の学生に限った話ではありません。実社会においても、上司の指示に従って仕事をこなせる人は優秀だとみなされますが、指示を出す側の上司にはなれません。いつまでも部下のままです。そこから上に行くには課題発見能力が問われます。

他の人が疑問に感じないところや、常識と考えられているところに問題点を見つけたという点でわかりやすい例として、ニュートリノでノーベル賞を受賞した研究が挙げられます。

ニュートリノは、宇宙の物質を形作る「素粒子（これ以上分解できないと考えられている粒子のこと）」のひとつで、同じ素粒子である「電子」の一〇〇万分の一よりも軽いと言われています。あまりに軽いため、一九九八年にニュートリノ振動が発見されるまでは

「質量がない（ゼロ）」と信じられていたほどです。実際に、私が学生の頃は「ニュートリノに質量はない」と教わりました。

そのニュートリノで日本は二回ノーベル賞を受賞しています。一回目は、一九八七年に岐阜県飛騨市神岡にある観測施設・カミオカンデで世界で初めて超新星爆発からのニュートリノの観測に成功した功績によって、小柴昌俊先生が二〇〇二年にノーベル物理学賞を受賞しました。しかし、そのときにもニュートリノに質量があるかどうかはわかりませんでした。

その後、小柴先生の門下生だった東京大学宇宙線研究所所長（当時）の梶田隆章先生が、カミオカンデの後継スーパーカミオカンデを使った実験でニュートリノ振動を発見した功績で二〇一五年にノーベル物理学賞を受賞します。ニュートリノ振動とは、ニュートリノに質量があるためにその種類が変化するという現象です。この発見は長らく質量がないと言われていたニュートリノに質量がある証拠となり、物理学の世界に衝撃を与えました。

これまでの常識では「ニュートリノに質量はない」ということになっていましたが、そこに疑問を抱いたところから梶田先生の独創性が発揮され、ノーベル賞受賞にまで至ったのでしょう。要は、創造力とは他の人が常識だと考えているところや意識すらしていないところに問題点を見出し、それを独自の方法で解決に至るまでやり遂げる能力のことなのです。

ノーベル賞を例に出してしまうと、そんなすごいことは自分にはとてもできない、自分には関係ない話だと思ってしまう人もいるかもしれません。しかし、そうではありません。私の学生を指導したこれまでの経験から言わせていただくと、（詳しくはあとの章に譲りますが）創造力は意識的に訓練することで誰でも身につけることができます。

「マニュアル力」という基礎の上に「考える力」があり、その上に「創造力」があるわけですから、それをひとつずつ登っていけば、いずれ創造性を発揮できるようになるのです。

## 新発見は「偶然」や「失敗」によって生まれる——は本当なのか？

多くの科学の発見は、「偶然」や「失敗」によってもたらされました。

先ほど紹介したカミオカンデで超新星爆発からのニュートリノが検出され、小柴先生がノーベル賞を受賞したのは、多くの偶然が重なった結果でした。

小柴先生がカミオカンデをつくった当初の目的は、陽子崩壊という現象を検出することでした。ところが、陽子の崩壊がなかなか見つからないため、当時注目を集めていた太陽から来るニュートリノの観測への利用が決まります。装置の改造後、間もなくして、アメリカのペンシルベニア大学から超新星爆発があったので、「カミオカンデで超新星爆発から来たニュートリノを検出できていないか？」という連絡が来ます。

観測データを解析してみると、ニュートリノの観測を確認できました。

私たちの銀河で超新星爆発が起こるのは三十年から五十年に一度と言われ、ニュートリノが地球に降り注いだ時間はわずか十秒間でした。その三分前には調整プログラムが走っていて観測できない状態だったこと。また、この日に予定されていたタンクの工事の日程が遅れていたため観測できたこと。さらに翌月には小柴先生の退官が決まっていたことなどを考え合わせれば、幸運な偶然が重なったことで得られた成果だったといえるでしょう。

筑波大学名誉教授の白川英樹先生は、二〇〇〇年に導電性高分子の発見と開発によってノーベル化学賞を受賞しました。高分子はプラスチックやペットボトル、スーパーの袋などに使われており、かつては電気が流れないと考えられていました。そこに電気が流れることを発見したことで白川先生はノーベル賞を受賞したのです。

この発見は、それまでの常識を覆しただけでなく、これをきっかけに導電性高分子がスマートフォンのタッチパネルやリチウムイオン電池など様々な分野に応用されるようになったことも受賞の理由として挙げられています。

この発見には有名なエピソードがあります。

当時、東京工業大学資源化学研究所の助手だった白川先生のもとで研究していた外国人研究者が、実験の際、誤って通常の一〇〇〇倍もの量の触媒を加えてしまいました。そのため、以前は粉末状のものしかできなかったものがフィルム状になり、このときできたのが導電性高分子のフィルムだったのです。

この失敗がなかったら、高分子の世界を変える大発見にはつながらなかったかもしれませんし、白川先生のノーベル化学賞受賞も、私たちが日々使っているタッチパネルも存在していなかったのかもしれません。このエピソードは、大発見は失敗から生まれるという好例だと言えます。

ここに示した以外にも、科学の発見が偶然や失敗から生まれた例は枚挙にいとまがありません。それら偶然の発見に共通する法則はあるのでしょうか。

人は何かに挑戦するとき、通常は「成功する確率がもっとも高い方法」を採用します。この考え方は、当然といえば当然です。しかし、「成功する確率がもっとも高い方法」に従っても、通常は新しい発見にはつながりません。なぜなら、確率自体が常識に基づいて計算されるために「成功する確率がもっとも高い方法」は、その当時の「常識」にとらわれている可能性が高いからです。新しい発見は、常識に縛られていてはできません。

新発見は意図せずに偶然起こったことからしばしば生じます。偶然や失敗は、やろうとしてできるものではありませんから、そこに法則は当てはまりません。つまり、この方法でやれば大発見につながるというセオリーはないのです。

ニュートリノを検出することができた小柴先生はこう言っています。「ニュートリノはすべての人に同じように降り注いでいた。用意していたかどうかだ」と。私は小柴先生のこの言葉をこう解釈します。科学の発見は偶然や失敗から生まれるものもあるかもしれないけれど、普段からそのことについて考え続け、トライ・アンド・エラーを繰り返す粘り強さが、幸運な偶然や失敗を引き寄せるのだと。

偶然や失敗を発見（創造）に変えるには、やりたいことを追求することと、それをやり遂げるまであきらめない粘り強さが欠かせないということです。創造に至る楽な道はありません。

しかし、その確率を高めるシステマティックな方法は存在します。次の章からはその方法について述べたいと思います。

# 第2章

Possibility

# 自らの可能性を引き出すために「独自のテーマ」を見つける

## 興味を入り口に独自のテーマを見つける

「創造力を鍛えて……」「創造力を発揮して……」などと言われても、普通はどう鍛えればよいかわからないものです。

そもそも、創造力の土台である「考える力」でさえも、どう鍛えればよいかを教えてくれる科目はありません。このためか、前著『東大物理学者が教える「考える力」の鍛え方』は、多くの方々に読んでいただくことができました。「考える力」の鍛え方は第1章でも触れていますが、より詳しく知りたい方は前著を読んでいただければと思います。

さて、本書の主題である創造力を鍛えるシステマティックな方法ですが、「マニュアル力」と「考える力」で土台を固めたら、まずやっていただきたいのが、「自らの興味を入り口にして、独自のテーマを見つけること」です。

私がこれまで指導してきた学生たちを見ていると、創造力を発揮することができた学生は全員、自分の可能性を独自に見出しています。その一方で、多くの人たちは自分の可能性に気づいていません。

では、どうすれば気づくことができるのでしょうか。誰にでも、興味が持てる対象はあると思います。その興味を入り口にして、独自のテーマを見つければいいのです。別の言い方をすると、自分で独自のテーマを見つけることが、自分の可能性を引き出すことにつながるのです。

ところが、独自のテーマを見つけることは、そう簡単ではありません。興味があることは誰でも簡単に見つけられますが、残念なことにたいていは「趣味」で終わってしまいます。お菓子づくりに興味を持ったとしても、独創的な洋菓子をつくる一流のパティシエになれる人はほとんどいないのと同じです。たいていは〝お菓子づくりが趣味の人〟で終わります。

それはそれですばらしいことですが、自分の興味を仕事にしたいと思うのであれば、趣味とは言えないくらい〝深掘り〟することが必要です。深掘りとは、興味があるテーマについて徹底的にサーベイ（survey・調査）することです。

サーベイをすることによって、その分野全体が見えてきます。他者の視点や他者が成し遂げたことも徐々にわかってきます。そして、その分野に対する知見がどんどん深まっていきます。そうなってくると、「もっと調べてみよう」「こんなことができるのか」「ちょっと自分でもやってみよう」となって、益々好奇心が高まってくるのです。

好奇心のドライブがスピード感を増して加速していくイメージです。好奇心をエンジンの燃料にして、深掘りしていくと、そのことがもっと好きになります。最初の興味が一だとすれば、サーベイをすることでそれを一〇倍にすることができます。一〇くらい好きになると、そのことをもっと深く知りたくなり、さらにサーベイしていくと一〇〇くらい好きになってくるものです。そのような状態に自分を持っていくことができたら、自然と人の何倍も努力できるようになり、興味のあることが単なる趣味ではなくなり、真剣な努力の対象へと変貌していきます。

お菓子づくりにたとえてみると、お菓子づくりに興味を持ったら、まずはレシピに書いてある通りにつくってみるでしょう。おいしくできると、さらに難易度が高いお菓子をつくりたくなります。ところが、これがなかなかうまくいかない。

粉のふるい方なのか？　生地のこね方なのか？　泡立ての仕方に問題があるのか？　材料が悪いのか？　何が原因でうまくつくれないのかサーベイすることになります。そのとき、他のレシピを調べたり、どんな材料がそのお菓子に一番適しているのかを調べたり、動画を見ることで細かい手順を確認したりします。

そのようなサーベイを続けた結果、お菓子づくりのことが少しずつわかってくると、もっと知りたい、もっとおいしいお菓子をつくりたいと好奇心が高まります。そこで、実際にパティシエを養成する学校に通って基礎から学び、レシピ通りに一通りつくれる「マニュアル力」を身につけます。卒業後はパティシエとして働きながら、これまでに学んだ知識と技術を駆使して（「考える力」を使って）難易度の高いお菓子づくりに挑戦できるようになります。

この段階まで来れば、業界の全体像は見えているはずですし、知見も格段に深まっているることでしょうし、何よりももう趣味の段階はとっくに終わり、専門的な仕事になっています。ここで満足する人もいるかもしれませんが、さらに深掘りすることで（例えば、洋菓子の本場のフランスに修業に出るなど）、これまで見えていなかった景色を見ることができます。

それは、オリジナリティを発揮した（創造力を発揮した）、これまで誰もつくることができなかった新しいお菓子なのかもしれません。

## 自分の興味をサーベイする

「興味を入り口にして、独自のテーマを見つける」には、徹底的にサーベイすることが必要だと述べました。ここでは、私が実際に大学院生に対してどのように指導しているかを例にとって「自分の興味をサーベイする」ことの重要性についてお話ししたいと思います。

私が指導しているのは、私の研究室に所属する大学院生たちです。彼らは、学部で専門科目を習得してきているので「マニュアル力」は備わっていますが、「考える力」と「創造力」は研究テーマに取り組みながら実地で身につけます。

私の研究室では研究テーマを与えず、修士の一年生から自分で独自のテーマを見つけてもらいます。テーマを見つけるためには当然サーベイが必要ですが、このときのサーベイとは「論文を読む」ことです。

なぜ、論文を読むことを勧めるのかというと、自分がそもそも何に興味があるのかを知っていそうで知らないからです。大学院に入ってくる学生のほとんどが二十代前半くらいですので、その年齢で興味のあることに関連する論文をどれだけ読んでいるかというと、ほとんど読んでいないのが実情です。

学生たちは「こんなことがやりたい」という夢を抱いて大学院に入ってくるのですが、その根拠となるのが「ブルーバックス（講談社が刊行している一般読者向けの科学本）を読んで物理学に興味を持った」とか「ノーベル賞を受賞した先生の話を聞いて感動した」という程度のものがほとんどです。漠然とした〝憧れ〟が彼らの興味の源泉になっているのですが、これらは非常に浅く狭い情報に基づいており、根拠となる事実はわずかと言わざるを得ません。これは大学院生に限らずほとんどの人がそうで、それが普通です。

とはいえ、大学院での研究はその後何年にもわたるキャリアを決めるものになりますから、漠然とした憧れだけで人生を決めるのはもったいないと思います。この話は、研究に限らず就職活動のときでも同じことがいえます。

就職活動をする学生で一〇〇社訪問する人は稀です。最初から「この会社はなんとなく良さそうだ」と何社かに狙いを定めて会社訪問をして、実際に試験を受けて内定をもらうとなんとなく舞い上がってしまってその会社に決めてしまう、という人が多いようです。

もちろん、みんながみんなそうではありませんが。

私が残念に思うのは、たいていの人は漠然とした気持ちや情報で就職する会社を決めてしまうことです。そして、入社すると「なんか違うなあ」と後悔することが珍しくありません。どんなに調べても「実際に働いてみないと、その会社が自分に合うかどうかわからない」と言う人がいますが、十分なサーベイをすることで実際に働く前にわかる情報も多いのです。

研究に関しても、漠然とした夢や情報、あるいは流行りに流されて、なんとなく自分の夢を膨らませて研究に入ってしまうと、何の成果も得られないという最悪の事態になりかねません。

自分の興味があるものや、夢を語るのはいい。でも、私は学生たちの夢を聞いたあとに、「あなたが興味のある分野をもう少し広く知ってみませんか?」と尋ねます。彼らの夢は浅く狭い情報に基づいている場合がほとんどですから。すると、学生は「知りたいです」と必ず言いますから、関連する文献をまず教えます。そこから自分の興味を理解するためのサーベイが始まるのです。

ここでいう文献とは専門書のことです。これは専門家が読むかなり分厚い本で、ほとんどが英語で書かれています。それを数冊読んでもらいます。ただ、専門書とはいえ、最先端のことまでは書いてありません。幸いなことに専門書には補足する形で重要論文が引用されていますから、それらも読んでもらいます。

分厚い英語の専門書を読むだけでもかなり大変ですが、それに加えて関連する多数の論文も読んでいくため、相当の根気が必要になります。これらを読み込むことで、専門書に書かれていることをマスターできるだけでなく、論文に書かれている最新の研究についても精通でき、深く思考できるようになります。

大学院に入った頃は、浅く狭かった知識が専門書と論文を読み込むという徹底的なサーベイをすることで広く深くなっていき、学生は自らの努力で自分の夢の全体像を把握できるようになっていくのです。

## テーマを決めるまでの四つのステップ

「自分の興味をサーベイ」することで、夢は膨らんでいきますが、独自のテーマを決めるには、さらなる地道な努力が求められます。

私の研究室では最終的なテーマを決めるまで、次の四つのステップを約一年かけて行います。まずはステップ1から4までを紹介したあとに、ステップごとに詳しく解説していきます。

ステップ1　自分の興味をサーベイ（情報収集・文献の読み込み）
ステップ2　「わかっていること」の整理と関連性の分析（情報の整理・分析）
ステップ3　「わかっていないこと」の整理と関連性の分析（情報地図の作成・分析）
ステップ4　テーマを絞り込むためのリスクの最小化

最終的なテーマを決めるまでの四つのステップは、基本的には順番通りにやっていくのですが、ステップ4のリスクの最小化は、ステップ2と3でも行います。また、ステップ4で最終的なテーマを決めるときに、ステップ3で作成する「情報地図」を見ても判断できないときは、ステップ1に戻ってステップ3までの作業を繰り返すこともあります。

## ステップ1　自分の興味をサーベイ（情報収集・文献の読み込み）

サーベイする目的は、自分の問題意識を明確化するためなので、自分の興味のある分野全体を概観するために、前の項で説明したように専門書とそこに載っている論文を読み込みます。

この段階でテーマを限定しすぎるのはよくありません。なぜなら、そもそもテーマに関する情報を収集するこの段階では、それに関する十分な知識や情報を持っていない場合がほとんどだからです。浅く狭い知識では、どれが独創的なテーマなのかも判断できません。私の研究室の学生も、研究室に入ってきたときに考えていたテーマと最終的に決まったテーマとがまったく異なることはよくありますから、テーマの選定は急ぎすぎないことです。

今はインターネットによる検索機能がどの分野においても充実しています。それらをフル活用することで昔よりもはるかに効率的、かつ広範囲な情報収集ができるようになっています。学問の分野では、学術情報に特化したグーグルスカラー（Google Scholar）という検索エンジンがあります。グーグルスカラーでは、学術専門誌、論文、書籍、レビューなど様々な学術資料が検索できますから、それを利用すれば広範囲かつ包括的な情報収集が可能です。

ただ、インターネットは事実を収集するツールとして活用するには優れていますが、ノウハウを知るためのツールとしては新しい発見につながることはありません。インターネット上には、「○○完全攻略」「△△のためのテクニック」「××対策」といった、やり方や考え方、手順などが書かれているノウハウ記事が数多く存在しますが、既存のノウハウにとらわれてしまうと、そこに紹介されている方法以外のアイディアに目が向かなくなってしまい、革新的なアイディアを思いつく妨げになってしまいます。

インターネット上で紹介されているノウハウは一見すると、斬新で実践的ですぐに応用できそうな印象を与えますが、あまり質は高くないように感じます。論理の飛躍が多かったり、書き手の意図が加わりすぎていたり、ときには誤った情報が堂々と載っていたり、目を引くタイトルのわりに中身が伴っていなかったりします。

私がインターネットを情報源として活用するのは、書き手の意図や意見が加わっていない段階での客観的な事実が記された情報に関してです。新しいオリジナルな研究成果や知見などの記録（論文・学会抄録・図書・各種研究報告書）や、検証可能なデータや科学的な証拠、歴史的な記録などがそうです。もっと身近な例でいえば、ある企業が自社のウェブサイト訪問履歴や商品購入履歴などを自社で直接収集したデータなども、客観的な情報になります。

このようにして、すでにわかっている事実の全体像をつかむことで、自分が興味のある分野全体を俯瞰していくことができるのです。

## ステップ２「わかっていること」の整理と関連性の分析（情報の整理・分析）

ステップ１で興味のある分野の情報収集ができたら、次に取り組むのは「すでにわかっていること」と「まだわかっていないこと」を整理することです。というのも、独自のテーマを見つけるには「すでにわかっていること」を研究しても意味がないからです。

整理の仕方としては、ステップ１で収集した情報（自分の興味がある分野の文献や先行研究論文など）を読みながら、「すでにわかっていること」の中で問題の核心につながりそうなキーワードや、周辺知識を自分の言葉で要約します。この作業をいくつもの文献や論文を読み込みながら繰り返していきます。

そのようにして集まったキーワードを書き出していき、さらにいくつもの文献や論文で得られた知識の関連性を分析します。例えば、わかっている事項をＡ・Ｂ・Ｃと列挙していき、「AはBから導かれ、BはCから導かれる」というように「わかっているものの間の関連性」を整理していくのです。わかっている事項を分類し、その間の関連を整理していくと、わかっていない事柄の全体像も徐々に見えてきます。このようにして得られた情報を整理したものを、私は「情報地図」と呼んでいます。

## ステップ3 「わかっていないこと」の整理と関連性の分析（情報地図の作成・分析）

ステップ2の作業を通じて、「まだわかっていないこと」が見えてきたら、「わかっていないこと」の間の関連性を分析します。わかっていないことがX・Y・Zとあったら、「XはYがわかれば解け、YはZがわかれば解ける」といったように分析した上で「情報地図」に書き加えていきます。

このように地図をつくっていくと、ある部分を解明すれば、「これまで部分的にしか解明できていなかったこと」の「全体が解明できる」ことがわかるようになります。その「ある部分」こそが問題の核心なのです。

また「わかっていないこと」の整理をしてリスト化していくと、「わかっていないこ

# 情報地図をつくる

関連性の分析

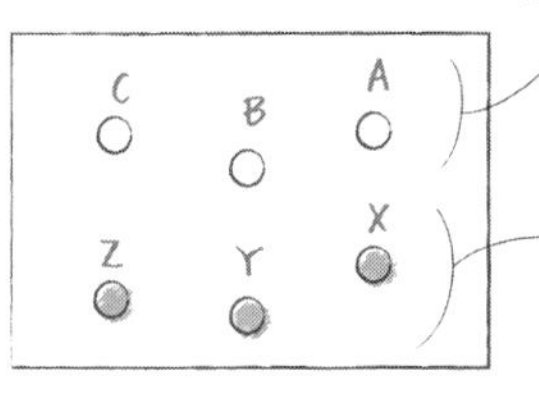


わかっていること

わかっていないこと

● わかっていること
（A.B.C）の間の関連
（AはBから導かれる。BはCから導かれる）

● わかっていないこと
（X.Y.Z）の間の関連
（XはYがわかれば解ける。YはZがわかれば解ける）
を分析する

情報地図をつくる

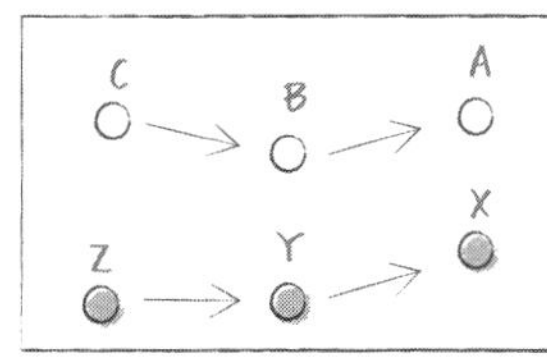

● より本質的なテーマを見つける
CとZが本質

と」の中で何が本質的なことなのか、あるいは自分はその中の何を解明したいと思っているのかも明確になってきます。これらも情報地図に加えていきます。

## ステップ4　テーマを絞り込むためのリスクの最小化

この段階まで来たら、ステップ3でリスト化した「わかっていないこと」の中から研究テーマとして取り上げたいものを絞り込んでいきます。その際の指標として、リスクアセスメント（リスクを見積もり、リスクを最小化するための取り組み）が入ってきます。

リスクの最小化はステップ2と3で得られた知見に基づいて行われます。

「情報地図」を作成することが、リスクの最小化につながるのです。テーマの選定とは、地図の中のどこをゴールにするかということですが、地図をつくらずにゴールを決めてしまう（テーマを決めてしまう）という行為は地図を持たずに森に入るようなものです。地図がありませんから、当てずっぽうで歩くほかないので、いくら歩いても宝物に出合う可能性はほとんどありません。

「情報地図」には、「すでにわかっていること」を徹底的に調べて書き込みます。すると、「まだわかっていないこと」もわかってくるので、どのテーマがオリジナルなのかがわかります。オリジナリティを発揮する上で最も困難な点は、そもそもオリジナルな問題が見つからないことです。しかし、「情報地図」を作成することで、努力してもオリジナルな問題が見つからないというリスクを回避できます。

次に、ステップ3でリスト化したものの中から最終的にどのテーマを選ぶかを慎重に検討する必要があります。研究テーマの選択は最重要課題ですので、選択を誤るリスクをぜひ最小化したいところです。このリスクの最小化をステップ4で行います。

研究テーマを選択する際のポイントは、次の三つです。

一つ目は、その問題はどのくらい解ける可能性があるか。

二つ目は、仮にその問題が解けたとき、どのくらいのインパクト（波及効果）があるのか。科学は、世界中の研究者が最新の知見を共有することで発展しますから、どのくらいインパクトがあるかは重要なポイントになります。

三つ目は、テーマに選んだ問題を本人がどのくらい解きたいと思っているかです。

一つ目の解ける可能性については、ステップ3で作成した「情報地図」を見ればだいたい目星がつきます。

例えば、テーマを最終的に三つまで絞り込んだとします。

テーマ1は、「難易度が高すぎて今解ける可能性はゼロに近い」——この問題は確かに面白いのだけれど、そもそも百年来解決していない難問です。私は、このようにどう解いたらいいかさっぱりわからないというとき、「谷に落ちる」と言っています。解き方がさっぱりわからないのに、テーマとして選んでそのまま突き進んでも失敗するだけだという意味です。

テーマ2は、「その問題は解けていないけれど、周辺のことはわかっているから、ちゃんと調べれば解ける可能性は十分にある」。

テーマ3は、「この問題は、今あるものを使えば比較的容易に解決できる」と判断できます。

「情報地図」を見ても判然としないときは、ステップ1に戻ってリスト化したテーマについて「わかっていないこと」に関する情報をさらに集め、ステップ2と3の作業を繰り返します。このようにして「情報地図」を作成して浮かび上がった様々な問題の難易度を比較検討することで、「この方向で行けば外れはない」くらいにまでリスクを軽減させることができます。

二つ目の問題が解けたときのインパクトについても、「情報地図」に書き込んだ未解決問題の相互関係の理解からだいたい想像できます。

テーマ1は、百年来解決していない問題ですから解けたらインパクトは無限大ですが、解ける可能性はほぼゼロです。ゼロ×∞の値は不定で、結果は誰にも予想できません。

テーマ2は容易ではありませんが、周辺の問題を順を追って解くことで最終的に解決できる可能性が高く、しかもこれが解けると別のテーマにも波及効果が広がっていくことが予想できる。そうなるとこのテーマのインパクトは大きいといえるでしょう。

テーマ3は、解くのはほかの二つと比べれば格段に楽ですが、これが解けてもその後の広がりは見込めません。解けたらそれで終わりです。

最終的なテーマを決めるとき、解くべき課題の難易度（リスク）と解けたときのインパクト（リワード）が想像できるようになれば、取り組むべきテーマがおのずと判断できます。

三つ目のどのくらい解きたいかについてですが、解ける可能性を調べた結果、難易度が非常に高かったとします。それでも「どうしても解きたい」という気持ちが強ければ、人はそれに向かって必要な努力をすることができます。努力をすれば必ず解けるとは言い切れませんが、自分で見つけたテーマでかつ解きたいという気持ちが非常に強いのならば、挑戦してみる価値は十分にあります。結果の成否にかかわらず努力の過程でその人の能力は大きく伸びるからです。またその結果として、当初は想定していなかった成果につながることはよくあります。

このようにして、四つのステップを経れば最終的なテーマが決まります。

## 四つのステップをビジネスの例で説明すると……

テーマを決めるまでの四つのステップを「出版社での本づくり」というビジネスにたとえてお話ししましょう。

本をつくるには、まずテーマを決めなければなりませんが、最初からテーマはこれ、と狭めてしまうと新しいものはつくれませんから、最初は漠然とやりたいテーマを想定します。例えば、粘り続けること、努力を続けることが成功につながるのではないか、ということをテーマに想定します。そして、インターネットや書店巡り、自社にある様々なデータから、テーマに関する情報を集め、読み込みます。

次は「わかっていること」と「わかっていないこと」の整理やその関連性の分析を行います。まずは収集した情報を読みながら「わかっていること」の中からキーワードとなる言葉を書き出していきます。先ほどの例でいうと、「グリット（やり抜く力）」「レジリエンス（回復力のある）」などが挙げられるかと思います。

それらのキーワードをテーマにした本は何冊くらい出版されているのか類似の本を調べたり、それらの本がどれだけ売れたのか、どんな著者が書いているのかなどをサーベイし情報地図をつくっていきます。

さらに、それらのテーマで売れた本はなぜ売れたのかをデータに基づいて分析します。今だったら、Amazonのレビューなどが参考になるかと思います。レビューの数や評価、参考になったと考えた人が多かったレビューなどをピックアップして、その結果も情報地図に加えていきます。

そして、それらのテーマで売れた本の上位何冊かを実際に手に取って読んでみる。自分の実感としてデータと合致しているのかを確かめたり、あるいはデータには表れていないところでも「この本のこういうところが面白いから、売れたんだな」などと自分なりに分析し、それもまた情報地図に書き込んでいきます。

分析をする中で、そのテーマでは「わかっていること（類書が多すぎる、そのテーマに関してもう新しい情報がないなど）」が多すぎて斬新な本にならないと判断して、別のテーマを選ぶことになるかもしれない。または、わかっていることは多いけれど、この論点では誰も書いていない、かつそれが読者が知りたいと思っている情報だと判断した場合は、その論点をメインにした本づくりをすれば、独自性を出せると判断するかもしれません。

このようにサーベイした結果、オリジナルなテーマの候補が見つかります。最終的なテーマを決めるにあたっては、情報地図を参考にして自分が考えていることが本当に独自性のあるものか、読者に受け入れられるのかなどを再考することでリスク（本が売れなくて赤字になる）を最小化することができます。

テーマが決まったあとに、本の内容を構成していく段階では、第三者からの批判的な意見がぜひほしいところです。自分ひとりだけで考えていると、どうしてもひとりよがりになりがちですから、他者――出版社でいえば企画会議に参加しているメンバーの意見を聞いて多角的な視点を取り入れることによって、よりクオリティの高い本に仕上がります。

## メンターの役割は可能性を引き出し認めること

私の研究室の学生は、個人差はあるものの最終的なテーマが決まるまでに、およそ一年を費やします。前述した四つのステップを一年かけて行うわけです。

修士の一年生として研究室に入ったら、物理の専門書を読んでもらいます。専門書を入り口にして、ある程度自分の興味が絞れてきたら、今度は論文を読んでもらいます。具体的な数字をいうと、最初のアイディアが出てくるまで、数十の英語の論文を読んでもらうことになります。一年間で一〇〇本という感じです。この中にはアブストラクト（要旨）と結論だけを読んで関連が薄いと判断する論文も含まれていますが、一〇〇本程度の論文に目を通すことになると思います。

ほとんどの学生が、修士課程に入るまで英語の論文は読んだことがないので、最初の一本を読むのに一カ月くらいかかります。初めは知識が足りないため、その論文を読むために専門書を参照したり、別の論文を読んだりするので時間がかかるのです。ちなみに、論文は最先端の研究に関するものなので難易度も非常に高いです。

ところが、最初の論文を読むのに一カ月かかっていたものが、二本目は半月で、三本目はもっと速く読めて、一〇本目となると一週間くらいで読めるようになります。論文を読んでいくうちに、知識も増え、また、すでに読んだ論文と内容のオーバーラップもあるため、読む速度が加速していくわけです。

ただし、最初から速く読もうと焦らないことが大切です。速く読もうとすると、表面だけ理解して次に進んでしまうため、書かれている内容を深く理解するところまで到達できません。逆に効率を考えずに、内容をしっかりと吟味しながら読み込めば専門知識への理解が深まるため、結果的に読むスピードは速くなります。そして深く理解する喜びを体験できます。

「創造力を発揮することができた学生は全員、自分の可能性を自ら見出している」と、前述しました。確かに、彼らは自らの可能性を自分で見つけるのですが、その可能性を引き出し、認めてあげることによって創造力を発揮できたことも事実です。指導者（メンター）の役割はそこにあります。

私の研究室では、週に一回程度、ひとり二時間くらい時間をとって学生と一対一の対話を行っています。興が乗ってくると三時間くらい話し込んでしまうこともあります。週一回、二時間の対話は月で換算すると八時間、年に換算すると一年で百時間くらいになります。結構な時間です。その百時間の対話を通じて、学生は独自のテーマを見つけていきます。

私が学生との対話の中で何をするのかというと、まずは読むべき専門書や論文を提示し、学生には読んだ文献を自分なりに咀嚼（そしゃく）して要点をまとめさせ、さらに自分の意見を加えたものを作成してもらい、それをもとにして学生の話を聞きます。

例えば、「この論文のここが面白いと書いてありますが、どうしてですか？」と聞くと、「これこれこういう理由で面白いと思いました」と返ってくる。「ああ、確かにそれは面白いね。だけど、ここは解明されているけれど、ここはまだですよね。そこをさらに調べたら、もっと何かわかるかもしれませんね」と私が言うと、「そうですね。調べてみます！」となって、結果的に学生の好奇心とそこから生まれる可能性を引き出すことにつながります。

あるいは、学生がテーマとして考えていることが面白いと思えば、「なかなか面白いところに目をつけましたね」と言って、学生を認めます。すると学生は、自分が目指す方向性とそこから生まれる可能性に自信を深めるようになります。

年間百時間の対話は、主に修士課程の一年生を対象に行っています。というのは、修士課程二年、博士課程一年、二年、三年と学年が上がっていくにつれて、自主的に研究できるようになってくるため、対話が必要な時間も短くなるからです。博士課程の三年ともなると、月に一回程度の対話で十分という場合もあります。また、週一回二時間というのは平均的な時間であり、個別の学生の個性や研究の進捗状況に合わせて柔軟に変えていきます。週に二回という場合もあれば、二週間に一回というパターンもあります。あくまで、学生の可能性を引き出し、自信をつけてもらうということが主目的であり、形式は学生の意思を確認しながら決めていきます。

修士の一年間でテーマを決めたあとは、試行錯誤を繰り返しながら研究を進めていきます。そして完成した研究は論文にまとめ、科学雑誌に投稿します。投稿された論文は専門家（レフリー）による査読（内容の審査）を受け、しばしば厳しい批判やコメントがレフリーレポートとして戻ってきます。厳しい批判を受けた学生は例外なく落ち込みますが、それがサイエンスの健全なプロセスであり、厳しい批判に応えることによって論文の質が高まることを理解してもらった上で論文の修正作業に取り掛かります。レフリーの批判に応えるための追加的な研究を行い、論文を修正してそれがレフリーに認められれば論文は受理され、出版されることになります。この過程で、学生は専門分野の知見が深まるだけでなく精神的にもタフになり、知的成長を遂げることになります。さらにレフリーとのやり取りをする過程で洗練された英文執筆能力も養われていきます。

## テーマが決まらない学生へのアドバイス

中にはなかなか独自のテーマが見つからない学生もいます。

そういうときも対話が有効に働きます。学生の話を聞いてどんな研究をしたいと考えているのか、何につまずいているのかを対話を通して読み取るように心がけています。

なかなかテーマが見つからない学生の中には、知識が足りずに自分のやりたいテーマをうまく言葉で表現できない場合もあります。そういうときは、長年の経験から学生が何を言おうとしているのかを推測し、「あなたがやりたい研究は、こういうことですか？」という問いかけを行います。このようなやり取りを通じて、学生も自分がやりたい研究テーマが明確になって、その方向に努力を傾けることができるようになります。

また、中には本当にやりたいテーマがわからないという学生もいます。そのときは、学生の意向を踏まえた上で「こういう方向はどうかな」といくつかの案を提案することもありますが、「こうしなさい」とは言いません。

このような場合、いくつかの案の可能性を提示して、それぞれの可能性の利点と欠点を学生と一緒に検討していきます。そうすることによって、学生は自分の頭で多様な視点から課題を検討できるようになり、最終的に学生自らがテーマを決めることにつながります。

私が学生の自主性を重んじるのは、人は自分が決めたことなら最後まで努力できるからです。たとえ時間がかかっても、学生に自分で考えて自分で答えを出すというプロセスを経験してもらうことが、その学生の長期的な成長にとって最も重要なことだと思います。

## テーマの難易度はギリギリのレベルに設定する

最終的なテーマの決定は、次に挙げる三つの大きな方針に基づいてなされます。どのテーマで行くかを決めるときに陥りがちなワナも含めて解説します。これらの方針は研究に限らず、どの分野でも当てはまると思います。

## その一、今の能力で簡単にできるテーマは選ばない

優秀な学生が陥りやすい典型的なワナは、現在の自分の能力で簡単にできるテーマを選んでしまうことです。周囲から優秀だと評価されている人ほどそのワナにひっかかってしまいます。

なぜか。すぐに答えが出て、すぐに評価につながるからです。また、現在の自分の能力で簡単に取り組める課題なので不安がありません。優秀な学生ほど、解ける問題がたくさんありますから、問題さえ見つかればパッと飛びついてしまうのです。

その学生の能力であればすぐに解けるテーマを持ってきた場合、どうするか。最初から否定はしません。議論をします。「あなたの今の能力ならば、そのテーマだったら一年以内に論文が完成しますね。仮にその論文を発表したとして、どのくらいのインパクトがあると思いますか？」という話をします。そして二人でどのくらいのインパクトがあるか検討します。そのようにして議論をしていると、学生も色々調べてわかっていることがありますから、「確かにそのテーマで論文は書けるでしょうし、オリジナリティもあります。

でも、先行研究の二番煎じかなっていう気がします」と本人もそれほどインパクトがないことを認めます。

インパクトが小さいこと以外にも、おススメできない理由があります。現在の自分の能力で簡単に解けてしまう問題に取り組んでも、その人の能力が伸びないのです。

自身の能力を伸ばすためには、問題を解く過程において能力の限界を試す試行錯誤がなければなりません。ああでもないこうでもない、と自分の頭で考えて様々な方法を試みては失敗しながらも徐々に解決に向かって漸進するというプロセスです。その過程において知的能力が伸びていきます。逆に、考えなくても解ける問題をいくら解いても能力は伸びません。

簡単に解けるテーマはリスクも少ないですが、リワード（報酬）も少ないのです。

ただし、例外もあります。すごくインパクトがあるのに、比較的簡単に解けるテーマが稀に見つかることがあります。重要かつ簡単に解けるテーマで、これまで誰もやっていなかったもの——いわゆる掘り出し物です。しかし、そのようなチャンスは広範囲かつ綿密な情報地図をつくっている人にのみ訪れます。

## その二、高すぎる目標設定は見直す

「宇宙の謎を解明したい」など、とてつもなく高い目標を持った学生がやってくることが時々あります。そういうときは、「具体的に、それを解明するためにどういうことを考えていますか？　そのために、どんなことを調べていますか？」と聞きます。ほとんどの学生は、「ブルーバックスを読んで興味を持って……」という程度のことを言います。

ブルーバックスは一般読者に向けて書かれた科学本ですから、それがやりたいテーマの根拠となると極めてあいまいな目標と言わざるを得ませんので、「やめておきなさい」と言いたいところですが、その前にもうひとつ質問をします。「あなたは、それを絶対に解明したいと思いますか？」と。すると、たいていは「絶対ではありませんが、できればうれしいです」などという答えが返ってきますから、その場合は「やめておきなさい」ときっぱりと言います。

というのは、「これはたぶんできないと思うけど、できればやりたい」というようなことが誰しもあると思いますが、それを具体的な目標にしてしまうと、「難しいんだから、できなくてもしょうがない」という言い訳を心の中でつくってしまうことになります。その言い訳があると人は極限まで頑張れないのです。それでは難問は解けません。したがって、高すぎる目標は、達成できないリスクが大きすぎて具体的なリワードも望めないので、目標設定の見直しを一緒に検討します。

ただし、ここにも例外があります。高すぎる目標を持ってやってきた学生の中には、「今、そのことについてはここまで研究を進めています。今後進めていくには、この問題を克服する必要があります」と、かなり具体的に説明できる学生が稀にいます。

そういう学生には、たとえ私自身が理解できなかったとしても、「じゃあ、続けましょう」と言います。それは、その学生が「どうしてもやりたい」と思っているからです。そういう人はたとえその目標に到達できなくても、それを目指す努力の過程で能力が大きく伸びます。また、戦略変更も自分の考えですることができます。そのような学生に対しては、私は助手の立場で伴走するように努めます。

### その三、テーマ設定はギリギリ解けるところを狙う

テーマ設定をするとき、「今の能力で簡単にできるテーマは選ばない」「高すぎる目標設

定は見直す」となると、どこを狙えばいいのでしょうか。

私がおススメするのは、今はできるかどうかわからないけれど、ギリギリまで頑張ったらできるかもしれないと直感できるレベルです。一般的に言えば、難易度が高い方が価値は高いわけですから、本人が精一杯やってできるギリギリのところを狙うと、リスクはあるけれどその分リワードも高くなります。

ではどの辺りが、ギリギリ解けるレベルなのか。学生と二人で相談して決めていきますが、なにしろ自分で選んだテーマですから学生の方がよく調べていますので、そのテーマに関しては直感が働いてくるようになっています。「今はまだ皆目見当がつきませんが、頑張ればギリギリできそうな気がします」と学生が言う場合は、基本的に学生の直感を信頼してそのテーマを狙わせます。

その理由は、私の仕事は学生のポテンシャルを引き出すことにあるからです。学生のポテンシャルは、こちらの信頼する気持ちが相手に伝わることで引き出されます。私が信頼していることが学生に伝わると、学生は極限まで努力し続けます。

その結果はどうかというと、成功確率はほぼ一〇〇%です。テーマ設定をギリギリ解けるレベルに設定するというやり方で、失敗した例はほとんどありません。

ほとんど一〇〇%といっても、ごく稀にうまくいかないケースもあります。どのようなときかというと、学生と議論する中で学生の意見と私の意見がマッチしない場合に起こります。

学生の意見に対して「私はあなたが指摘した方ではない課題が重要だと思いますが」と経験を踏まえて言いますが、学生から「先生はそう言いますが、僕はこっちが重要だと思います」と主張される場合もあります。そういうときは、「わかりました。この問題に関してはあなたの方がよく考えているので、あなたが正しいかもしれません」と学生を信じて言います。それでうまくいく場合もあるし、いかない場合もある。

うまくいかなくて、「やっぱり、先生が正しかった」と言ってくるときもありますが、それはそれでいいと思っています。少し回り道になってしまうかもしれませんが、失敗の経験から成長してくれますから。

失敗しようが成功しようが、いずれの場合でも学生を信頼することで「先生は信頼してくれた」という事実は残ります。このような事実の積み重ねが、学生の成長や学生との人間関係の構築にとってはとても大切なことだと考えています。

## なぜ、流行りのテーマを追わないのか

テーマ設定において、難易度の他にもうひとつ大事なことがあります。それは、流行りのテーマかどうかです。

これも優秀な人が陥りがちなワナのひとつですが、優秀な人は難しい問題が人より速く解けますから、自分の優秀さをできるだけ早く証明したいという誘惑に駆られます。そこで意義や目標が明確でそれに向かって一直線に進むことができるテーマ、ビッグテーマを好む傾向にあります。

ビッグテーマとは何か。無数の研究者が殺到する流行りのテーマです。多くの人が流行りのテーマを追いかけます。その理由は、自らテーマを見つける手間が省けることと、問題が解決したあとには大きなリワードが得られると夢見るからです。

今の流行りはＡＩ（人工知能）でしょうか。ＡＩの意義は、これまで人間にしかできなかったことができるようになる、しかも人間の能力をはるかに超えたレベルで……というもので、ものすごく明確です。研究テーマは明確で、目標に向かって一直線に突き進むこ

とができます。

例えば「人間と話しているのと同じように会話できるＡＩ」という目標が定まれば、進むべき道がはっきりしていますから、誰よりも早く答えに到達したいと考える優秀な人にとっては格好の研究テーマになります。誰よりも早く答えにたどり着ければ、自分の優秀さをアピールできますから、優秀な人がこぞって流行りのテーマを追いかけてしまう心理は理解できます。

しかし、流行りのテーマにはすでに大勢の研究者が携わっており、あらゆる角度から深く研究し尽くされています。創造力を発揮できるのは、初期の段階からその分野に関わっている人々やその周辺にいる人々に限られます。

そこに新たに参入するとなると、オリジナリティの高い課題はほとんど残されていないということになりかねません。流行を追うことは、創造力を発揮するという観点からは効率の悪い方法なのです。

初期の段階からその分野に関われなかったとしても、その分野のある部分で一番に立てればいいと考えるかもしれません。ところが参加人数が多いので分野を限定しても競争は熾烈で、たとえその中で一番になったとしても、リワードは常に短期的で、長期的な足跡を残すことが難しいのです。その理由は、分野全体が大きく動いているので、その中の個々の成功は分野の大きなうねりの中でかき消されてしまうからです。長期的にみると、その研究を開拓した研究とその分野が発展する上で決定的な役割を果たした研究のみが残ります。

話をわかりやすくするために単純化すると、ここに一〇〇人の研究者が、ある流行りの分野の研究をしているとします。そのときの一人あたりの平均の取り分は、一〇〇分の一ではなく二〇〇分の一になります。なぜかというと、残りの二分の一は一番最初にそのテーマを考えた人の取り分となるからです。

最初に考えた人と次の人は、努力の量でいえばそんなに変わらないかもしれません。それなのに取り分がこんなに違うのはなぜでしょうか。

その違いは、「テーマを選択する際にどれだけリスクを取ったか」にあります。最初の段階でどれだけリスクを取ることができるかが取り分の違いを決めるのです。

投資において一番リスクが低いのは、銀行にお金を預けておくことですが、利息はというとほぼゼロということになります。今は金利がないに等しいくらい低いですから、銀行に何年預けていても利子はほとんどつきません。株に投資するとどうでしょうか。当然、それなりのリスクがあります。元本が半分になってしまうこともあれば、二倍に増えることもある。もっと極端な例は宝くじで、当たれば莫大なリワードが得られますが、その確率はほとんどゼロになるように設計されています。「夢の宝くじ」といわれるゆえんです。

流行りのテーマを追った一〇〇人の研究者は、霧の晴れたきれいな一本道を走ることを選択したのです。森で迷う心配がない代わりに宝物が発掘できてもその半分は開拓者に取り置かれ、残りの半分を一緒に走っている多数の人と取り合うことになるのです。その一方で最初にその課題に取り組んだ人は、霧が晴れる前の獣道を歩んでいくしかなかった。これはものすごくリスクが大きいですが、リスクテイクした人だけに許される創造的な仕事ができ、そのメリットを享受できるのです。

大切なことは、地道な努力を積み重ねて「情報地図」を作成することでリスクを最小限に管理することなのです。そうすることで、道に迷うことなく創造的な仕事ができるようになります。

# 第3章

Risk

# 山頂に到達するためには谷底を通らなければならない

## リスクテイクできるかどうかが鍵となる

大学院生は誰しも「オリジナルな研究がしたい」という志を持っています。

しかし、同時に、「どうすればオリジナルな研究ができるのかがわからない」という不安も持っています。効率のいい勉強の仕方は知っていても、オリジナルな研究のやり方はわからないのです。これは当然です。というのも、学校では効率のいい勉強法は教えてくれますが、考える力の鍛え方や、ましてや創造力の鍛え方はシステマティックに教えられていないからです。

オリジナルなことを達成する上での困難が二つあります。一つ目は、「オリジナルな問題を見つけること」。二つ目は「リスクテイクできるかどうか」です。

一つ目の「オリジナルな問題を見つけること」は、第2章で紹介したように、当該分野を徹底的にサーベイすることで、その分野の情報地図を作成し、それに基づいてリスクを最小化するという、最終的なテーマを決めるまでの四つのステップを踏めば見つけることができます。この方法により、オリジナルな問題がわからないという困難を克服できます。

二つ目の「リスクテイクできるかどうか」は、どうでしょうか。オリジナルなこととは、まだ誰も試みたことがないことですから、オリジナルな問題が見つかってゴール（山頂）が見えていたとしても、ゴールに至る道はわかりませんから、霧の中を進むしかありません。

しかし、学問であれ事業であれ、その山頂に到達したいのであれば、その前に横たわる谷底を通らなければなりません。谷底を通らずに山頂まで到達できれば一番いいのですが、あいにくそういう例は見たことがありません。山頂に到達するには、どうしても谷底を通らなければならないのです。

「オリジナルな問題を見つけることができなかった人」は、山頂は見えませんが、谷底は見えますから、わざわざ危険な道には行きません。谷に落ちて死にたくはないからです。ここで「谷に落ちて死ぬ」とは、何の成果も得られず人生を浪費することを意味します。谷に落ちて死にたくないから、霧の晴れたまっすぐな道（流行りのテーマ）を選ぶのです。

「オリジナルな問題を見つけることができた人」には山頂が見えていますが、それでも谷を下っていくのは怖いと感じるはずです。ゴールは見えていても、そこに到達するまでのルートはわかっていませんから。ルートがわからなければ道に迷ってしまって、山頂にたどり着くまでにどれだけ長い時間を要してしまうかわかりません。

時間がかかっても山頂にたどり着ければいいのではないかと思うかもしれませんが、それに耐えられない人も多くいます。特に、若い人の場合は周りの人の成果を気にしてしまいがちです。同級生がすでに論文を書いて雑誌に掲載されたとか、同期入社した人が昇進したと聞けば焦りが出てきてしまうものです。焦ってしまうと、オリジナルな問題を探すことに時間をかけたり、問題を見つけてもゴールにたどり着くまでに長い時間がかかることを思うと、わざわざ谷底に下って危険な道を行くよりも、先人が開拓したまっすぐな道を選びたくなるのも無理はありません。

ですが、誰かが開拓した整備された道を行っても、それは自分が見つけた山頂に至る道ではありません。整備された道の行きつく先にある山頂には、すでに初期の段階からその分野に関わっている人たちが大勢いて、あなたが立つスペースは残されていません。しかも、たとえ霧の晴れたまっすぐな道を行ったとしても、山頂までたどり着くのには相当な努力が要りますが、努力のわりには報われません。なぜなら、手柄のほとんどは先人たちがすでに手にしているからです。

それならば、時間がかかっても自分独自の山（オリジナルな問題）を発見し、谷底を通るリスクを受け入れて山頂を目指した方がいいのではないでしょうか。損得の問題だけではなく、創造力を発揮してまだ誰も到達したことのない山の頂に立つのは、何物にも代えがたい感動を与えてくれます。

とはいえ、やはりリスクを負うのは怖いものです。オリジナルな研究がしたいという志を持ってやって来る学生たちでさえも、やはり一生懸命努力して何の成果も得られなかったらどうしようという不安を抱くのは自然なことです。

そのような不安を和らげ研究に集中できるようになるためにどんなアドバイスができるか。私は「リスクはゼロにはできないけれど、最小化することはできる」と伝えています。

## リスクはゼロにはできないが〝最小化〟できる

リスクの最小化は、二段階あります。

一段階目は、テーマを選定する段階で行うものです。具体的には、情報地図の作成によって浮かび上がった候補それぞれの課題のリスク／リワードの評価を行い、最適と思われる課題を選択します。

学生が作成した情報地図に従って「ここは先行研究で重要なポイントが押さえられているので、リワードはほとんどゼロ」。「ここはわかっていないけれど、おそらく今は解けない」と、様々な課題のリスク／リワードを評価して「この問題はまだ基本的なことが解明されていないので、解決できれば波及効果は大きい。ゴールへの道はまだわからないけれど、これまでの準備研究の結果を勘案すると成功する可能性は十分にある」などと判断します。私の経験から言って、このような検討を経て選ばれた課題で失敗した例はありません。全員が独創的な研究論文を書いて博士号を取得しています。

二段階目は、テーマが決まったあとに行うものです。テーマが決まったということは、目指すべき山頂（夢）が見えたことを意味します。ただし、テーマが決まった時点では、山頂に至る道筋が見えているわけではありません。

多くの人は、夢を実現するためにまず何から始めるかを深く検討せずに、とりあえず始めてしまいますが、どこから始めていいのかわからない段階で、方針を定めずに何かを始めると高いリスクを負うことになります。ここでもリスクを最小化する努力が必要です。

夢を叶えた人の話を聞くと、ほとんどの人がまずゴールという大きな目標を設定して、次にゴールに至るまでに何をするべきかという中くらいの目標を定め、さらにその目標を達成するための具体的な行動指針を決める小さな目標を設定しています。ゴールにたどり着くまでに、どの道を通らなければならないのか、そのためにはまず何をすべきかという感じで、目標を細分化し、それを順次実現することで夢を叶えています。

大リーグで活躍する大谷翔平選手は、高校時代に目標達成表を書いていました。その頃の大谷選手の大きな目標は「八球団からドラフト一位指名を受ける」というものでした。

その夢を叶えるために、「体づくり・人間性・メンタル・コントロール・キレ・スピード一六〇㎞／h・変化球・運」という八個の中間目標を立てたそうです。そして、八個それぞれの目標達成のために、例えば「人間性を高めるために必要な八項目」などのように、目標を細分化して具体的な行動に落とし込んでいったといわれます。

何から始めればいいのかがわかれば、かなりリスクは軽減されます。大谷選手のように目標を細分化し、具体的な行動に落とし込んでいくことから始めます。この手順がリスクの最小化の二段階目となります。

自分が見つけたオリジナルな研究テーマを解くという話で説明すると、「目標を細分化する」というのは、難しい問題を解く際に、それを構成する要素に分解する必要があるということです。難しさの一因が問題の複雑さにあるということはしばしばありますから、それを解きほぐしていかなければなりません。解きほぐすとは、要素に分解するということです。

要素に分解したら、要素ごとの難易度を評価します。このときもサーベイが不可欠です。例えば要素に分解して、それぞれの問題点を分析していく。要素1を解くために関連文献を検索すると、論文AとBにたどり着いた。論文AとBを読んでみると、そこに書かれているアイディアを応用することで要素1が解けることがわかったというように、要素ごとに個別に解決していきます。

また、難易度が低そうなものから解いていきます。要は、解けるところから解いていく。これが「具体的な行動に落とし込んでいく」という意味になります。

ただ、難易度1のものが解けたから難易度2のものも解けるかというと、そう単純ではありません。難易度の評価はするけれど、解けるかどうかは実際にやってみないとわからないのです。難易度が高そうに見える問題が、取り組んでみると意外と簡単に解ける場合もあれば、逆にこれは簡単にできるのではないかと思っていた問題に手こずったりしま

**目標の細分化**

ゴールを近くに設定することで、目標達成しやすくなる

す。そこは試行錯誤するしかありません。

しかし、最初は全部解けていない状態からスタートして順次、問題解決していくと、最終的なゴールの具体像が次第に見えてきます。つまり、最終的にこの方向に行けばうまくいくはずであるという確信が深まってきます。

最後に残っている問題は、残っているだけあって難易度は一番高い。だからといって、あとひとつのところをあきらめられるでしょうか。おそらく、あきらめられなくなります。すると、その人には普段の何倍も努力をする力が湧いてきて解けてしまうのです。

もちろん、最後のひとつがどうしても解けないこともあります。山頂までは行けなくて、七合目まで登ったところで断念することもあります。でも、それでもいいのです。挑戦した山は、まだ誰も一合目までも登ったことのない山なのですから。これがオリジナルな研究の優れた点です。七合目まででも、七合目までの論文は書けて、その論文は評価されます。なぜなら、誰も挑戦したことのない方向に踏み出した研究だからです。

ちなみに、最初に設定したゴールにたどり着けなかった人が、時間が経ったのちに最終目標のゴールまでたどり着けた、という例は珍しくありません。

また、たとえ最終ゴールに到達できなくても、そこで示された方向性に触発されて、あとに続く研究者が最終ゴールに到達するということも研究の世界では普通に行われていることです。この場合は最初の第一歩を踏み出した分野の開拓者は、研究を完成させた人と同様に高く評価されます。

## 焦って無理やり成果を公表しようとしない

前項で、「最初に設定したゴールにたどり着けなかった人が、少しあとになってからゴールにたどり着けた」という話をしました。それならば、問題がすべて解けてから論文を書けばいいのではないかと思う方もおられるかもしれません。

実は、どの段階で論文を書くのかというのは、なかなか悩ましい問題なのです。特に論文執筆経験のない学生が、最初の論文を書き出すタイミングを自分で判断するのは難しいですから、学生と相談しながら最終的には私が判断しています。

なぜなら、論文を発表したとき、その論文が世界でどう受け止められるかの基準を知らないと、正当に評価されないからです。その辺の感覚は、経験がないとわかりません。

初めて論文を書く学生にとっては、いつまでも論文が書けない状態が続くとだんだんデプレス（落ち込ませる）されていきます。それは周りの人を見ているからです。同学年ですでに、論文を書いて発表している学生はいます。その中でも、最初に論文を書いて発表する人というのは目立つわけです。二本目、三本目と次々に発表すると、さらにみんなの注目を集めます。そういう華々しい成果を上げている同級生を見ていると、「僕はまだ一本も書けていない……」となって落ち込んでしまうのです。

かといって、比較的安易なところで論文を書かせても、中途半端なものになってしまいます。そこが多くの指導者にとってのジレンマだと思います。

さらに学生たちを焦らせたり、落ち込ませたりするのが「学振」という制度です。学振とは、独立行政法人日本学術振興会の特別研究員制度のことを言います。特別研究員に採用されると、大学院博士後期課程に在籍する学生の場合は、毎月二〇万円の研究奨励金と年一五〇万円を上限とする研究費の助成が受けられます。

毎月二〇万円の奨励金が得られれば、学生は生活費や学費などの金銭面での苦労や不安がなくなりますから研究に専念できます。おまけに、特別研究員に採用されること自体が研究者としての業績になります。

したがって、多くの大学院生や研究者が学振に採用されたいと思っていますが、採用されるのは申請者の二割ほどと狭き門になっています。

学振に採用されるためには、まず申請書を提出しなければなりません。大学院生が申請できる学振の区分は、博士後期課程の一年生が申請できるＤＣ１と二年生以上が申請可能なＤＣ２があります。

ＤＣ１枠で研究奨励金等を受けたいと考えるならば、修士の二年の春には申請書を提出しなければいけませんから、学振を取りたい学生にはそれ以前に最初の論文を書かなければというプレッシャーがかかります（ＤＣ１に選ばれるためには、論文があった方がいいと信じている人が多いため）。そのために、学生のことを思って早い段階で論文のテーマをあげて、論文を書かせてあげる、という教員も少なくありません。

私はテーマをあげない、と学生に宣言しています。宣言するだけでは、ただのブラックな先生になってしまいますが、論文を一本も書かないで学振に通った先輩が大勢いるという事実も伝えて心理的プレッシャーを和らげるように努めています。

ＤＣ１に選ばれるためには、査読付き論文（専門家が内容の審査を行った論文）が学術雑誌に掲載されていることが有利と考えている人は多いのですが、私はそう考えてはいません。

もちろん、いきなりテーマをもらっても、それを短期間で仕上げてしっかりした内容の論文を書ける学生もいます。そういう人は採用されます。

しかし、そのような学生は稀です。何とか最後まで論文を仕上げたとしても、指導教員や共著者の頭脳を借りて書いたかどうかは、専門家が読めばすぐにわかります。論文の中身と申請書の研究計画の質がマッチしないのです。

審査委員が見ているのは、申請書の中身です。申請書には、詳細な研究計画を書かなければなりません。サーベイを十分に行っている学生は、論文を書かなくても、それまでに多くの論文を読んでいますから研究計画は綿密で具体性があります。さらに、「何がすでにわかっていることで、何がまだわかっていない新しいことなのか」という情報地図を自分で作成している学生は、先行研究との差別化もしっかりと書けているために研究計画の独自性が明確に読み取れます。

結果として、そのような学生はたとえ論文がなくてもDC1に通る確率が高くなります。

成果を焦る学生の心理は十分に理解できます。しかし、最初の研究を付け焼き刃でまとめてしまうと、そのときの研究のクオリティがその後の研究の質のスタンダードになってしまいます。逆に、時間はかかっても質の高い研究を最初にやり遂げた学生は、その後も質の高い論文を書き続けるようになります。

## 行き詰まったらいったん白紙に戻す勇気を持つ

二〇〇八年、当時、高エネルギー加速器研究機構名誉教授だった小林誠先生と京都大学名誉教授だった益川敏英先生が、ノーベル物理学賞を受賞しました。両氏は一九七三年に提唱した「小林・益川理論」で宇宙の成り立ちに関わる「ＣＰ対称性の破れ」という現象が起きる物理的起源を理論的に説明しました。

「宇宙の成り立ちに関わる」とはどういう意味か説明しましょう。

ビッグバンによって宇宙が誕生したとき、極めて高温な環境のもとで、物質（粒子）と反物質（反粒子）が対になって同じ量だけ生成されました。反粒子は、粒子と反対の電荷を持つ粒子で構成された物質で、電荷の違い以外は元の粒子とほぼ同じ性質を持っており、粒子・反粒子対称性（ＣＰ対称性）と呼ばれています。

やがて、飛び散った粒子と反粒子が出合い対消滅するわけですが、仮にＣＰ対称性が成り立っているのなら、宇宙には物質も反物質も何も残らなくなってしまうはずですが、そうはならずに、現在の宇宙には物質だけが残り、星や私たちを形づくっています。

この現象を説明するためには、ＣＰ対称性が厳密ではない（物質と反物質のバランスが崩れている）こと、すなわち「ＣＰ対称性の破れ」があったと考える必要がありました。

一九六四年にアメリカのフィッチ博士とクローニン博士が「ＣＰ対称性の破れ」の現象を実験によって証明し、そのことによって「物質と反物質の世界では物理法則に微妙な違いがある」ことが明らかになり、物理学の世界に大きな驚きをもたらしました。

フィッチ博士とクローニン博士の論文を読んだ益川先生は「なぜ、物理の法則が違うのか？」に非常に興味を持ちますが、「攻略する道具がそろわず、いったん棚上げした」そうです。しかし、一九六四年に論文を読んでからずっと、そのことが頭から離れなかったようで「喉に骨が刺さったように気になっていた」と語っています。

その道具が、オランダのト・フーフト博士とフェルトマン博士らが「弱い相互作用の繰り込み理論」に関する論文を一九七一年に発表したことでそろったのです。当時、京都大学で助手をしていた益川先生のところに、名古屋大学大学院を出たばかりの小林先生が助手として赴任してきたことを機に、新しい「弱い相互作用」の理論を使って「CP対称性の破れ」が起きる理由を説明できないかと考え、共同研究が始まりました。

ところが、当時前提と考えられていた四元モデル（物質を構成する素粒子、クォークが四種類あれば「CP対称性の破れ」を説明できるとする理論）では説明できないという結論に達します。そこで、うまくいかなかった失敗例として、「四元モデルでは証明できない」という論文を書こうと思ったそうです。ここで、これまで積み重ねてきた理論や努力をいったん白紙に戻す決断を下したことになります。

CP対称性の破れは、益川先生が一九六四年から七三年まで実に九年間も考え続けたテーマです（本格的に取り組んだのは七二年からですが）。それを白紙に戻すというのは、相当勇気のいるものです。

しかし、どんなにテーマの選定に時間をかけてリスクの最小化も含めサーベイを繰り返したとしても、成果が出ないときもあります。そういうときは、軌道修正するか原点に戻る（白紙に戻す）しかありません。軌道修正でなんとかなるのは、今わかっている理論の枠組みの中で別のやり方が試せる場合に限られます。原点に戻るのは、まったく新しい発想や考え方を持ってこないと問題解決できない場合です。

ビジネスの現場でも、スーパーマーケットを展開している小売業などで、経営陣が店舗拡大をどんどん推し進めている場合、現場の社員がこれ以上新店舗を増やしても赤字になると試算し、意見を具申したとしても経営陣が聞き入れないというのはよくある話です。人間の思考として、一度決めたことやある程度計画が進んでしまっている段階になると、それを白紙に戻して原点に戻ることはなかなかできません。

研究の分野でも、一度始めた研究を中断して白紙に戻すことは簡単ではありません。それが困難なテーマであればあるほど、それまでの努力を無駄にしたくないという思いから引き返すことが難しくなってしまうものです。

あるテーマに取り組んでいるとき、「この問題さえ解決できればすべてが解けるのに、どうしても最後の壁を越えられない」というのは、よくあることです。そういうときは、「本来どうあるべきか」という原点に立ち返り、スタート地点まで戻ることが解決につながることもあります。益川先生のような大きな成果を上げた人たちは、思考が行き詰まったときは原点（原理原則）に立ち戻る勇気を持っています。

いったん白紙にして原点に戻ることは、これまでの努力を無駄にすることにはなりません。努力してきた経験は、知識や知恵となって残るからです。駄目だとわかっていても原点に戻れないのは、やはり心理的なくびきが大きいのでしょう。

さて、四元モデルを捨てた益川先生は、その後どうしたのでしょうか。益川先生は、お風呂に浸かりながら四元モデルを捨てる決心をしますが、お風呂から出ようと立ち上がったとき、まったく新しい六元モデル（クォークが六種類あれば「CP対称性の破れ」を説明できるとする理論）がひらめいたそうです。

四元モデルを捨てようと決断したことで、四元モデルに対するこだわりがなくなり、六元モデルがひらめいたのだと言います。この着想が、のちにノーベル賞を受賞する「小林・益川理論」へと発展しました。

## 創造力の最終段階では自分で自分にツッコミを入れる

論文を完成させる最終段階（独創的なものをつくり上げる最終段階）において大事なことは、自分で自分にツッコミを入れることです。自分自身が書いたものを第三者目線で、批判的に見るという意味です。

なぜ批判的に見ることが必要なのか。研究テーマについてサーベイし、深く理解するようになっていくと、その過程において自分独自の見解が形成されていきます。これはモチベーションを高めるには良いことなのですが、その見解がひとりよがりになってしまうこともあります。そうなってしまうと、研究内容の一般性が損なわれる可能性があるため、論文の最終段階では批判的な立場に立って自分の論文を検討する作業が必要になります。

私自身も、細部に至るまで一切妥協したくないと考えているため、最後の詰めにかける時間が、それまでにかかった時間と同じくらいになることがよくあります。

他人が書いた論文を読むときも、批判的に読む態度は重要になります。

特に、当該分野の大家（たいか）が書いている論文は、批判的に読むことが重要です。そういう態度で臨まないと、論文に書いてあることを鵜呑みにしてしまい、間違いや見落としを発見できません。

みんなが常識だと思っていることや、その分野の大家の意見が、ときとして間違っているからこそ大発見が生まれるのです。みんなが常識だと思っていることが全部正しければ、新しい発見をする余地は残っていないことになってしまいます。

多くの研究者に共有されている常識にも、よく考えると自明ではないことがあるのです。そのことに気づくことが創造力を発揮する出発点になるのです。そして、それに気づくための着実な方法が「情報地図」をつくることなのです。綿密な地図を手元に用意して、それを参照しつつ論文を読み進めることで、自分勝手な思い込みにとらわれることから解放され、分野全体を俯瞰しながら個別の事柄を深く検討できるのです。

## オタクと研究者を分けるものとは？

オタクと研究者は似ていると言われることがあります。確かに、自分の興味がある分野に対して、強い好奇心を持ち、そのことに時間を費やすことを厭わないところは似ています。

しかし、オタクと研究者を決定的に分けるものがあります。それは「大局観」の有無です。大局観とは、物事の全体的な状況や成り行きに対する見方や判断のことをいいます。研究者は、興味を持った分野に対して、広く深く知るために徹底的なサーベイを行います。すると、分野全体が見えてくる上に、その中で何が重要なことなのかという「大局観」が養われていきます。

しかし、オタクは自分が興味があることに関しては深掘りしますが、その周辺のことは学ぼうとしません。興味がある分野については、「こんなこともできるのか」「こんな面白いことがあるのか」「それは知らなかった」と楽しみますが、それだけで満足してしまいます。今まで知らなかったもの、わからなかったことがわかったときは楽しいし、好奇心も満たされますから、それで十分という気持ちは理解できます。

一方、研究者は、自分が興味があることだけでなく、その周辺の事柄も詳しく知っており、さらにそれらの間の関連性も深く理解しているので、その分野での急所がどこかを判断する鋭い嗅覚を持っています。

この場合の急所とは、どこに独創的な研究テーマがあるのかがわかるということです。

研究者の嗅覚は、どのようにして磨かれるのかというと、まず自分の興味がある分野についての徹底したサーベイをすることで磨かれます。さらに、「こんなこともできるのか」と感心するだけでなく、「それなら、こっちもできるのではないか?」とか「これはわかったけれど、他の可能性も考えられるのではないか」などと、他人とは違った広い角度から物事を分析・検討して見ることを通じて磨かれます。

これまで「楽しかった」で終わっていたところを、もう少し考えてみて、「これだけとは限らないのでは」「こういう方法もあるのでは」→「ちょっと調べてみよう」。「これは他に誰かやっているのだろうか?」→「調べてみよう」→「やっぱり、誰もやっていなかった」→「これは新しいことにつながりそうだ」という順に物事を深掘りするトレーニングを積んでいくことで、クリエイティブな思考法が身につきます。

## ジェフ・ベゾスは山の頂を見据えて起業した

大局観を持っている人は、山頂が見えていますから、山頂に行く途中に谷底があっても勇気をもって下っていけます。大局観がなければ直近のものしか見えないため、谷底に降

山頂への道程

大局観があれば、山頂が見える

りることが怖くてできません。

大局観を持って成功した人の例として、アマゾン・ドット・コムの創設者で世界最大級の資産家のひとりでもあるジェフ・ベゾス氏を挙げたいと思います。

ベゾス氏は一九六四年にニューメキシコ州アルバカーキで生まれました。幼少期から科学に興味を持ち工作を得意としており、高校生になると自宅のガレージで工作や実験をしていたそうです。プリンストン大学で電気工学とコンピュータサイエンスを専攻し一九八六年に卒業すると、金融決済システムを手がけるベンチャー企業 Fitel へ就職します。

その後、ヘッジファンド（様々な金融商品や投資方法を組み合わせて、市場の下落などのリスクをヘッジ〈回避〉しながら、高い収益を狙う投資信託のこと）を運営するD.E.ショーに転職し、入社後わずか四年、三十歳のときにシニア・バイス・プレジデント（副社長）に昇進し、著しい成功を収めます。

このD.E.ショーでインターネットでのビジネスについての調査を任されたことをきっかけに、インターネットが一年間で二三〇〇％成長という脅威的なスピードで普及しつつあることを知ったベゾスは、インターネットでの物販の可能性を確信するようになります。
D.E.ショーを退職したベゾスは、一九九四年に自宅のガレージでアマゾンを立ち上げます。
そこで彼はインターネットで販売できる可能性がある二〇の製品（事務用品、コンピュータソフトウェア、服など）をリストアップします。

その結果、当時のアメリカでは本の流通業界には大手が参入していなかったことや取次が数社しかなかったこと、本は規格が決まっていて管理しやすいこと、食品のように在庫を抱えても腐らないことなどの事情も考慮して、リストアップした中では本がもっとも成功する確率が高いと判断し、オンラインで本を売ることを決めます。

様々なデータからインターネットで本が売れるだけではなく、インターネットの発展によってアメリカのバーンズ・アンド・ノーブルをはじめとする大手書店チェーンに勝てるとまで思っていました。

普通の人だったら、ヘッジファンドで若くして副社長となり将来を嘱望された立場であれば、そのまま会社に残ったでしょうが、ベゾスは起業します。

ベゾスがすべてを投げうって起業したのは、大局観を持ち「山頂」（インターネットでの物販で成功する）が見えていたからだと思います。ベゾスが大局観をつかんだのは、インターネットという分野をD.E.ショーでの仕事やその後の徹底的なサーベイによって広く深く知ったからでしょう。

ところが多くの投資家たちは、ベゾスのように山頂が見えていたわけではないので彼のようには考えておらず、「アマゾンが倒産する確率は七割」と言われ、ほとんど誰からも資金提供を受けられませんでした。困ったベゾスは、両親に頭を下げて三〇万ドルの資金を提供してもらいますが、「七〇％の確率でお金が返ってこない可能性がある」ことを正直に話したそうです。

その後、アマゾンを立ち上げてからわずか一カ月でアメリカのすべての州と四五カ国で書籍販売をスタートさせ、会社設立から三年後の一九九七年には株式を公開しています。

このような話を聞くと、アマゾンは順調に成長してきたかのように見えますが、創業当初は七期連続赤字が続き、その後の二〇〇〇年代前半も赤字か、利益が出たとしてもごくわずかという苦しい時期が続きます。

株主たちからは、成長しても利益の出ない経営を非難されることもありましたが、ベゾスは「現在の損失は、将来の大きな売り上げと利益を得るためには必要なことだ」と言って、投資家たちを納得させたと言います。

二〇〇一年のＩＴバブル崩壊時には、他の企業と同様に打撃を受けましたが、何とか危機を免れ、ＩＴバブル崩壊で倒産しなかった数少ないスタートアップ企業となりました。

これ以後も、紆余曲折(うよきょくせつ)はありましたが、一九九四年に創業したアマゾンは創業からわずか三十年で時価総額二兆ドル（約三二〇兆円）の巨大企業へと成長を遂げたのです。

## 苦しいときは低空飛行でいい

研究や挑戦（起業や創作活動など）を始めたばかりの頃は、ほとんどの人が好奇心に満ち溢れてやる気満々なのですが、ゴールまでの道のりはどの分野を目指すにしても長く遠いものです。しかも平坦な道などありませんから、誰にとっても途中は苦しく険しいものになります。

サーベイによって自分が目指すべきゴール（山頂）が見えていたとしても、何の成果も出ない時期はまるで谷底をさまよっているようで苦しいものです。当然、不安が募ります。「努力を続けていても、何の成果も得られないんじゃないか？」「本当にこのテーマで良かったのか？」などと疑心暗鬼にもなってきます。

学生がそのような状態になっているときは、学生の話をじっくりと聞いた上で、学生一人ひとりの状態に合った方法で手助けします。

今のやり方や努力の方向性が本当に合っているのかと不安を感じている学生に対しては、今やっている具体的な努力が、何につながる努力であるかを一緒に分析します。その上で、今の努力がゴールに到達するためになぜ必要かを自分で判断し、自ら納得してもらいます。メンターの役割は、その自問自答の手助けをすることです。

例えば、オリジナルな研究テーマを見つけるべく毎日毎日論文を読んでいるが、なかなか新しいテーマを見つけられず、「自分はいったい何をしているのだろう?」と不安に苛まれているとします。

そのときに、「論文を読む」という今やっている具体的な努力が、何につながるのか考えてみます。「オリジナルなテーマを見つけるためだ」と再確認します。その上で、「論文を読むことがオリジナルな研究のためになぜ必要か考えてみる」と、「論文を読まなければ、何がすでにわかっていることなのかわからないからだ」という認識に至ります。そう認識できれば、今の自分の努力の意義を再確認できますから、再び努力を続けることができます。

論文を投稿しても何度もリジェクト(不採用)になって心が折れそうだという学生がいた場合は、過去の先輩たちがレフリー(査読者=投稿された論文の内容の評価を行い、掲載の許可、書き直し、不採用などをエディターに推薦する専門家のこと)との悪戦苦闘したやり取りの記録を読んでもらっています。

それを読むと学生は、「自分だけが苦しい思いをしているのではなく、先輩も同様の苦難を経験しそれを乗り越えたのだ」という事実を学び、論文の再投稿に挑戦する勇気が生まれます。そして何度も投稿したり、書き直しをした暁に受理されたときの喜びを体験します。この成功体験が、その後の研究人生においてより大きな苦難を乗り越える際の糧（かて）となるのです。

しかし、あまりにも疲れていたり、落ち込みがひどい学生に対しては、「少し休みましょう」と伝えます。例えば「先生、これは何度やってもダメです。僕にはできないと思います」と言われたら、次のような話をします。

「誰でも調子が悪ければ、低空飛行が続いてしまう時期もありますが、墜落さえしなければ低空飛行を続けていていいんです」と。「墜落してしまっては元も子もありませんから、そうならないためにも今は休んでください」と言います。

飛行機はどんなに低空飛行しても墜落しなければ前に進みます。そして、いずれ上昇気流に乗って高く飛べるようになるのですから、休むべきときはしっかり休むべきなのです。

# 第4章

Talent

# 才能という名の呪縛から自らを解放する

## 自分の才能に悩む若者たち

前著『東大物理学者が教える「考える力」の鍛え方』は、東京大学の新入生を対象に行った授業「人生の基礎方程式」の内容を本にまとめたものです。

そもそも、私がなぜ「人生の基礎方程式」について授業で話そうと考えたのかというと、大学に入学したばかりの学生たちの多くが不安や劣等感を抱いていることに気づいたからです。

普通に考えれば、東京大学に入学できたのだから、将来の希望や期待に胸を膨らませているだろうと思うかもしれませんが、それは真実の一面でしかありません。東京大学に入ってくる学生は、学業成績が優秀で、いつもトップ集団に属していた人がほとんどです。

それが入学した途端に、トップ集団でなくなる。東大には毎年約三〇〇〇人の学生が入学してきますから、平均的な成績であれば一五〇〇番になってしまう。そうなると、周りの学生がみんな自分より優秀そうに見えてしまいます。そのような人たちに囲まれて、多くの人が自信をなくすのです。そして「自分には才能があるのだろうか」と不安に感じるのです。

不安の理由はほかにもあります。

高校までは、与えられた問題を決められた時間内に効率よく解く「マニュアル力」があれば優秀と判断されましたが、大学では「考える力」が要求されます。ところが、「考える力」をどう鍛えればよいかに関するシステマティックな教育を受けたことがない人がほとんどなので、大学での勉強が急に難しく感じられて自信をなくしてしまうのです。

「人生の基礎方程式」の授業では、『考える力』は誰でも鍛えることができます。それだけでなく『創造力』さえも意識的な努力を積み重ねれば鍛えられます」と伝えました。

才能についても、「才能という名の方程式に解はありません。自分には才能があるのかといくら悩んでも答えは得られません。それよりも、自分の可能性がどれくらいあるかについて考えてみてください。この可能性という名の方程式には解があるのです。その解とは何か。それは、もうだめだとあきらめたところまでです。あきらめるまでは可能性は広がります」と、いわば当たり前のことを言いました。

でも、それが学生たちにとってはとても新鮮だったようです。「考える力も創造力も誰でも鍛えられる」「才能は結果にすぎない」という、これまで自分たちが思い込んできたこととまったく違うことを聞かされたからだと思います。講義室からは人があふれ、学生との非常に活発な「対話」が行われましたが、その過程で、学生たちは私が言ったことに納得してくれて、気持ちもずいぶん楽になったようでした。

## 〝才能〟は科学的に実証されたものではない

自分の才能に悩むのは、東大生に限った話ではありません。

誰でも「自分には才能があるのだろうか」と悩みます。何かに失敗したとき、挫折を味わったとき、夢を追っているとき、〝才能〟という言葉が頭に浮かび、自分には才能があるのかと悩むのです。

多くの人たちを悩ませ続ける才能。その正体は、何なのでしょうか。

才能は、科学的に実証された概念ではありません。なぜ実証できていないのかというと、脳機能の全容がまだ解明できていないからです。もし実証されていたら、「才能とは〇〇である」と言われているはずです。例えば才能が遺伝だと科学的に実証されていれば、「才能は遺伝である」とはっきり言われているはずです。

そうはいっても、ＩＱという指標があるではないか、と考える人もいるかもしれません。

ＩＱは知能テストで測られますが、ほとんどの人が小学校入学後に受けます。その理由は、個人の知的能力の高さを測るというよりも、認知能力に問題はないかを判定し、教育的なサポートや指導を行う参考にするためです。

知能テストで測る認知能力とは、言語理解、論理的思考、記憶力、空間認知能力などです。知能テストの問題は、マニュアル力があれば解けます。マニュアル力は創造力の基礎となるものですが、職種によって必要とされるマニュアル力は異なります。つまり、知能テストの問題を解くために必要なマニュアル力がすべての職業に必要というわけではないのです。

マニュアル力は繰り返し学習することで習得できる能力です。ＩＱのスコアは、生涯変わらないものと思っている人もいるかもしれませんが、知能テストに出る問題を何度も繰り返し解くことでスコアは上がります。

このようにＩＱは人間の能力を測る指標のひとつでしかないため、ＩＱが高いからといって創造的な仕事ができるわけではありません。

## 才能は結果に対するレッテルでしかない

「創造力は才能の賜物である」というのは、よく言われることです。

本当にそうでしょうか。私はそうは思いません。むしろ、「創造力を鍛えたいと思うのならば、才能という名の呪縛から解放されなければならない」と考えています。「才能」という言葉は、人類が発明した最悪の言葉だとさえ思います。

「才能がない」と言われた人は、本来、努力を続けることで引き出されていたかもしれない可能性に対して、自信を持てなくなります。

逆に「才能がある」と言われた人は、自己分析をしなくなります。周囲の人たちからいつも持て囃(はや)されてばかりいると、自分を客観的に見ることができなくなり、うぬぼれてしまってさらなる努力を怠るようになります。

才能があると言われた人は、自己分析を怠って伸びしろがなくなり、才能がないと言われた人は、自信を失って自分の可能性を引き出すための十分な努力ができなくなってしまう。才能という言葉に翻弄されると、どちらに転んでも良い結果にはなりません。これが

「才能」という言葉は最悪だと言った理由です。

多くの人を悩ませ、人生を翻弄する〝才能〟。その正体は何なのか。私は「才能とは結果でしかない」と思います。

結果を出した人は「才能がある」と言われ、結果が出ない人は「才能がない」と言われる。ただそれだけです。

二十世紀最高の物理学者といわれるアルベルト・アインシュタインは、五歳頃まであまり言葉を話さないなど、幼少期は他の子どもと比べて成長が遅かったため、知的発達が遅れているのではないかと両親を心配させたほどだったそうです。

青年期になっても内向的な性格だったため、大学進学を目指すことを念頭に通うギムナジウムではうまくなじめず中途退学しています。その後、スイス連邦工科大学チューリッヒ校を受験しますが不合格になっています（翌年に合格）。アインシュタインは、物理学者を志していたのですが、教授からは「才能がない」と言われ、助手として大学に残ることができませんでした。

就職活動でも苦労しています。友人の口利きで特許局に職を得るまでは、大学卒業から二年間定職に就けなかったため、家庭教師や臨時教員の仕事で何とか生計を立てていました。

アインシュタインが世間から認められるようになったのは、特許局に勤めていた一九〇五年に三つの論文を発表したことがきっかけでした。論文で提唱された「光量子仮説」「ブラウン運動理論」「特殊相対性理論」は、いずれもノーベル賞に値する画期的な業績でした。

アインシュタインが一九一六年に発表した「一般相対性理論」によって、彼の名は研究者のコミュニティを超えて世界的に有名になります。

一九二一年には理論物理学への貢献、特に「光電効果」の発見により、ノーベル物理学賞を受賞しました。

天才物理学者といわれたアインシュタインでさえも、結果が出るまでは「才能がない」と言われ、世間が驚く論文を書いたら「天才だ」と持て囃されたのです。結果を出した人に対して「才能がない」と言う人はいないのと同様に、結果が出ていない人に「才能がある」と言う人も稀です。このことからもわかるように、才能は結果に対するレッテルでしかないのです。

才能は結果でしか測れないのですから、それが人に生まれつき与えられたものだという考えは幻想でしかありません。

## 持って生まれた能力は出発点でしかない

私たちは、「世界的なピアノコンクールで日本人初の一位を獲得した○○さん」や「ノーベル物理学賞を受賞した△△博士」「オリンピックで金メダルを獲得した××選手」など、偉業を成し遂げた人物のニュースを見たり、実際の演奏や競技を目にすると圧倒されてしまい、「やっぱり才能がある人は違う」と思ってしまうものです。

国際コンクールやノーベル賞、オリンピックレベルまで行かなくても、「近所の○○さんが、○○大学に合格した」「同じ高校の野球部の△△くんが甲子園でピッチャーを務めた」という身近な人の話題でさえも、「あの子は幼い頃から勉強ができた、スポーツができた」と彼らの成功があたかも生まれつきの才能であるかのように言う人が大勢います。

結果を見て「あの人は才能がある」と決めつけてしまうことがまさに、先ほど述べた「才能は結果でしか測れない」「才能は結果の反映でしかない」ということです。

裏を返せば、その結果を達成するためにどれくらい努力をしたかは見ていないということとです。もし、偉業を成し遂げた人のそばにいて、その人がどれだけ努力していたかを知っていれば、「才能」という言葉だけで片付けられないと思うでしょう。もちろん、偉業を成し遂げた本人だって「これを成し遂げられたのは努力の賜物なんだ」と言いたいかもしれません。

人々の目が「才能」ばかりにいって「努力」に向かないのはどうしてなのでしょうか。ひとつには、「偉人、天才と言われる人々の努力を見る機会がない」ことが要因として考えられます。一流のアスリートが一堂に会するのを目にするのは、四年に一度のオリンピックのときくらいでしょう。オリンピックの晴れ舞台に立つまでに、アスリートたちがどのくらいきつい練習を日々繰り返しているかを私たちはほとんど知りません。

もうひとつ考えられる要因は、「何かを成し遂げるには、持って生まれた能力はそれほど重要ではない」ことを多くの人が知らないからです。

確かに、あるスポーツをやるのに適した身体構造上の優位性というものはありますし、生まれつき絶対音感を備えている人もいます。

プロ野球選手でホームランを量産するには、背が高くて筋肉がたくさんある方が打つ力が強いですから優位です。プロとして音楽で食べていくには絶対音感がある方が有利とされています。ＩＱのスコアが高いことも複雑なスキルが必要な職種には有利に働くかもしれません。

しかし、これらの能力はいずれも後天的に伸ばすことも可能です。身長の高さは難しいかもしれませんが、筋肉は鍛えればつきます。絶対音感も幼少期から適切な訓練を受ければ身につきます。ＩＱのスコアも訓練すれば上がります。生まれつきの身体能力の高さや、絶対音感があること、ＩＱのスコアの高さなどの能力が成功の絶対条件かというと、決してそうではありません。

生まれつきの身体能力がそれほど高くないアスリートはいますし、絶対音感のないピアニストだっています。平均並みのＩＱでも成功している人はいくらでもいます。逆に、生まれつき身体能力が高くても、絶対音感があっても、ＩＱが高くても、その能力を活かせない人たちも無数にいます。

生まれつきの能力が高くても活かせない人、生まれつきの能力はそれほどでもないのに成功する人――この違いは何に起因するのか。

生まれ持った能力は当然人によって違いますが、それは単なる出発点に過ぎません。大切なのは、出発点から努力を積み重ねることでどれだけ自分の能力を伸ばせるかです。現在の能力が一の人とその倍の二の人がいると、二の人の方が、一の人の二倍も能力があるから圧倒的な才能があるように見えます。しかし、その後の努力で、能力が一の人が一〇〇や一〇〇〇になったら、今度は前者が後者を圧倒するのです。このように、出発時点での能力の差など実は取るに足りないものなのです。

出発時点での能力差よりも、その後の長い人生における努力の積み重ねで生じる能力差の方がはるかに大きいのです。出発点が低くても、継続的な努力をすれば、出発点が高い人に勝てるのです。そういう意味においては、生まれつきの能力など、のちの成長に比べればどうということはありません。

このことは、人生のどの段階でも当てはまります。何歳になっても、何かに興味を持ってやる気になれば、出発時点の能力を一〇倍、一〇〇倍に伸ばすことができるのです。そして、成長過程のある時点で、学びは創造へと変貌していくのです。

## 国家レベルでの長期間のサポートは絶大な効果をもたらす

長期にわたる意識的な努力は人を大きく成長させますが、これに国家レベルのサポートが伴うと絶大な効果がもたらされます。

　二〇二四年のパリオリンピックでの日本人選手の活躍には目覚ましいものがあり、金メダル二〇個、銀メダル一二個、銅メダル一三個で合計四五個のメダルを獲得し、海外で行われた大会では過去最多のメダル数となり、大きな話題になりました。

　メダル獲得数が急増した理由は様々あるようなのですが、私が注目したのは二〇〇〇年代から国の主導のもと、国立スポーツ科学センターやナショナルトレーニングセンター（二〇一六年に統合し、二〇二三年「ハイパフォーマンススポーツセンター」に改称）などトップアスリート専用のトレーニング施設や研究施設が整備され、選手の育成や強化がシステマティックになされたことです。

　その成果は二〇一六年のリオオリンピック辺りから徐々に出始め、東京オリンピックに向けてさらなる競技力強化がなされたことで、二〇二一年の東京オリンピックでは自国開催だったこともあり、金メダル、メダル総数共に過去最多を記録し、パリオリンピックでも大きな成果を残すことに成功しました。

　これらの成果は、日本が二〇〇〇年頃から国家としてトップアスリートを育成・強化することを決め、今日に至るまで継続してきた結果だといえます。つまり、アスリートによる長期間にわたる継続的な努力を、国家が科学に基づいて合理的にサポートし続けた成果ではないかと思っています。このような国家レベルのサポートの有効性は学術の育成にも当てはまります。

## 一流のアスリートほど後天的な努力が大きな差を生む

前に、「出発時点での能力差よりも、その後の努力による能力差の方がはるかに大きい」という話をしましたが、一九九二年のバルセロナオリンピックと九六年のアトランタオリンピックの二大会連続でそれぞれ銀メダル、銅メダルに輝いた女子マラソンの有森裕子さんは、まさにこの話に当てはまるアスリートです。

有森裕子さんといえば、パリオリンピック女子やり投げで金メダルを獲得した北口榛花(はるか)さんの表彰式で、プレゼンターを務めたことでも話題になりました。

オリンピックで女子マラソン初のメダル、しかも二大会連続という輝かしい経歴を持つ有森さんですが、高校、大学と目立った成績を残していません。ご本人の言葉を借りると、「実績はゼロに近く、何の結果も残せていない」というのです。

有森さんは、生後二カ月で先天性の股関節脱臼が見つかり、小学二年生のときに交通事故に遭い、おまけに身体が硬く、身体能力には恵まれていなかったのだそうです。

それでも、中学生のときに校内運動会の八〇〇メートル走で三年連続優勝したこともあって、高校では陸上部に入部を希望しますが、中学時代に何の実績もなかったため、「素人同然のランナーなどいらない」と言われ、入部を断られます。ここからが有森さんの「あきらめない人間力」を感じるエピソードですが、入部が許されるまで陸上部の監督にアピールし続け、三カ月後にようやく入部を許可されたそうです。

入部できたことが嬉しくて朝から晩まで練習しますが、地方大会は予選落ち、インターハイにも国体にも出られず高校ではこれといった結果を残せませんでしたが、体育の教員になろうと日本体育大学に進学します。

大学での成績は、関東大学選手権三〇〇〇メートルで三位、全日本インカレ五位と振るわなかったのですが、日体大の陸上部には監督やコーチがいなかったため、「指導者のいるところで、練習メニューをもらって指導を受けたら、もっと好タイムが出るのではないか」と思い、実業団からの誘いが来ていないにもかかわらず、実業団入りを目指します。

実業団に入るには勧誘か推薦しかないわけですが、どちらも得ることができなかったため、当時、創部間もないリクルートなら入れるのではないかと考え、半ば押し掛けのような形で入社したそうです。そのときに中長距離の名指導者だった小出義雄（こいでよしお）監督からこれまでの成績を聞かれ、「よく、そんな成績で陸上を続けてきたね。でもね、素質とか実績とかは大事ではあるけど、一番大事なのはやる気だからね。その根拠のないやる気に興味がある」と言われて無事入社できたそうです。

最初のうちは「中学生よりも遅い」と言われ、八〇〇メートルも一五〇〇メートルもダメでマラソンに転向。そのとき小出監督から、「お前は身体の素質はない。身体の素質は大事だけど、お前の気持ちの素質は世界一だから、もしかしたら身体の素質の選手を超えることができるかもしれない」と言われたといいます。この言葉は、「出発点（もともとの能力）が低くても、あきらめずに努力を継続すれば出発点が高い人に勝てる」という事実と符合します。

有森さんは毎日、質量ともに全国レベルの練習をこなしていきます。リクルートに入社した翌年の一九九〇年には大阪国際女子マラソンで日本最高記録をマーク。翌年の大阪国際ではさらにタイムを上げて日本最高記録を更新し、九二年にバルセロナオリンピック代表に選ばれます。

バルセロナでは銀メダル。四年後のアトランタで銅メダルに輝いたときのコメント「メダルの色は銅かもしれませんけど、終わってから、なんでもっと頑張れなかったのかと思うレースはしたくなかったし、今回はそう思ってないし、初めて自分で自分を褒めたいと思います」は、今でも記憶している人が多いのではないでしょうか。

研究者やビジネスパーソンよりも、アスリートこそ才能がすべてと言われてしまう分野です。それはスポーツという分野で能力を開花させるためには、生まれ持った身体能力（才能）がより重要であると信じられているからでしょう。しかし、学問、ビジネス、スポーツと分野にかかわらず大きな業績を上げた人のことを調べれば、もともとの能力よりもその後の長期にわたる意識的な自己改善の努力の方が、創造力（アスリートにとっての創造力は、他人が真似ることができないパフォーマンスのこと）を発揮する上ではるかに重要なことがわかります。

有森さんは、身体能力に恵まれていないと気づいてからは、コーチや監督がつくる練習メニューについて、なぜこのメニューが必要なのかを理解し、納得した上で練習したいと考えていたそうです。独自のトレーニング法を生み出す努力もしていたそうです。

大谷翔平選手は、自身のフォームをデータ解析させ、過去に蓄積された膨大なデータをもとに、生体力学の専門知識を持つトレーナーからアドバイスをもらっているそうです。体調管理も徹底していて、外食はせず自炊がメインで、基本的にメニューは変えず同じものを同じ量だけ食べるという。その方が体調管理をしやすいためで味は二の次なのだとか。睡眠を非常に大切にしており、一日十時間睡眠に充(あ)てる日もあるそうです。これらすべては、野球のためなのだといいます。

このように、一流のアスリートは自身のパフォーマンスを上げるため、最適なトレーニングとは何かを常日頃から意識しながらトレーニングを続けていることがわかります。そして、彼らは自己分析に基づく合理的な努力を粘り強く長期間続けることが、「才能」という言葉に代表される出発時点の能力差よりもはるかに重要であることを、自らの成功体験に基づいて知っているのです。

## 「努力できるのも才能」は大間違い

「一流の人ほど、才能よりも努力が勝ることを知っている」と書きました。このように書くと、「努力できるのも才能のひとつだ」と言う人がいます。

しかし、努力できるのは才能のおかげではありません。努力に必要なのは、努力できる状態に自分を持っていく不断の工夫です。特に、自分の好奇心を高める工夫が重要です。アインシュタインには、次のような有名な言葉があります。

私は特別な才能などない。ただ、情熱的ともいえるほどに好奇心が旺盛なのだ。

この言葉を聞いた多くの人たちが「謙遜」と受け取りましたが、私はアインシュタインならではの正確な表現だと思います。アインシュタインは、物理が面白くてしょうがなかったから、生涯にわたる継続的な努力ができたのだと思います。

では、好奇心を高め、それを持続させるには、どうすればよいのでしょうか。

それは自分が関心を持っていることを広く深く知ることで、もっと好きになることです。要は、徹底的なサーベイによって好奇心を高めることが必要なのです。

徹底的なサーベイをするには、継続的な努力を続け最後までやり遂げる「あきらめない人間力」が必要になりますが、「あきらめない人間力」は、自分にとってかけがえのないことに取り組んでこそ発揮されるものです。

自分にとってかけがえのないものとは、生涯をかけて取り組みたいと思うくらい本当に好きなことです。まったく違う分野にあれこれ手を出したり、目標を次々に変えているとしたら、まだ本当に好きなことが見つかっていないか、その分野や目標についてのサーベイが足りていないかでしょう。

では本当に好きなことはどうやって見つけるのか——というと、堂々巡りのようですが、関心を持ったことについて広く深く知ることで、最初はそれほどでもなかった関心事に対する興味や好奇心が高まっていき、ある時点で情熱に火がつくのです。

広く深く知るには、徹底的なサーベイが必要ですが、この作業は専門知識をしっかりと身につけるということです。一流になりたければ、専門知識をしっかりと身につけ（マニュアル力）、それを有効活用し（考える力）、分野全体を俯瞰した上で独自の課題を見出す（創造力）必要があります。

これを成し遂げるには、多くの人が思っている以上に時間がかかります。そのときに必要になってくるのは、瞬発力よりも持久力なのです。持久力には、粘り強さが何よりも重要です。

研究者になるには、もともとの頭の良さや回転の速さなどの才能が必要だと思っている人は多いですが、その人がオリジナルな研究をして形として残せるかどうかは、もともとの頭の回転の速さとは関係ありません。

なぜかというと、研究は長期的な視点でやらないと成果が出ないものだからです。短期的な成果を上げようとするならば、頭の回転の速さという瞬発力は重要かもしれませんが、長い年月にわたって研究を発展・継続させようとするなら、頭の回転が速いのは考えものです。頭の回転が速いと、いろんなものが見えたり考えたりできるので、「あっちの方が成果が早く出そう」「こっちの方が就職に有利」などと次々に目移りしてしまいます。

レベルの高い研究は、長期間にわたる継続的な努力が必要なので、頭の回転が速くてすぐに目移りする人よりも、長期的な視点に立って腰を据えて考えられる人の方が有利なのです。

まとめると、努力できるのは才能ではなく、努力できる状態に自分を持っていくこと。そのためには好奇心を高めることが必要です。好奇心を高めるには、広く深く知ること。そして、広く深く知るには、一時的な好奇心だけでは足りず、芽生えた好奇心を大切に育て、それを継続した努力の原動力とする工夫が大切です。

## 自分で自分に足枷をはめない

そもそも努力できる状態に自分を持っていくことができないで悩んでいる人は、どうすればいいでしょうか。

継続的な努力への意欲が湧かない理由として三つの要因が考えられます。

一つ目は、もともと持っている能力が高い（ＩＱが高い、身体能力が高いなど）にもかかわらず、自分への過信から努力できなくなっているパターンです。このタイプの人は、勉強やスポーツなどができたことから、自分の能力に頼ることで初期の段階では成功を収めることができます。しかし、自分の能力を過信して努力を怠った結果、伸び悩んでしまい、自信と意欲を失ってしまいます。

二つ目は、もともとの能力は高いのですが、進学などを機に周囲に自分と同じか高い能力を持った人が集まることで自信をなくして、意欲を失うパターンです。高校までは誰よりも勉強ができたのに大学に入った途端、自分よりも勉強ができる人がたくさんいると感じて自信を失ってしまうのです。

三つ目は、周囲から「勉強ができない」「才能がない」などと言われてきたか、あるいは周囲と自分を比較することで「自分はダメだ」と思い込んでしまい、意欲を失い十分な努力ができないタイプの人です。

これら三つのタイプに共通して言えるのは、自分で自分に足枷（あしかせ）をはめてしまった結果、意欲を失い自分の可能性を狭めてしまっていることです。

自分で自分に足枷をはめることで、危うく自分の可能性を狭めるところだった物理学者を紹介しましょう。

その物理学者とは、一九六五年に日本人で二番目のノーベル賞を受賞した朝永振一郎（ともながしんいちろう）先生です。

朝永先生は、言うまでもなく非常に優秀な研究者だったのですが、彼が不運だったのは、隣にいつも天才と呼ばれた湯川秀樹先生がいたことです。京都一中、第三高等学校、京都帝国大学理学部物理学科では湯川先生と同じ年に入学、卒業をし、卒業後は無給副手（旧制大学等で助手または助教の下にいて研究を補助する人）として同じ指導教授の下で研究しています。

その無給副手時代のことを振り返って、朝永先生はこんなことを言っています。

「湯川さんのこの勉強の進行ぶりに反して、不健康と無理な試験勉強ですっかり疲労困憊し、はげしい劣等感にとりつかれたものにとっては、そのようなむつかしい分野に進む決心はとても起らない。何かもっとやさしい仕事はないものか、何でもよいからほんのつまらないものたったひとつだけでもよいから仕事をし、あとはどこかの田舎で余生を送れたら、などと本気で考えていた」

朝永先生ほどの研究者でさえも、劣等感にとりつかれてしまうと、彼がもっとも成功した分野をあきらめてしまおうかというくらい自信と意欲を失ってしまうのですから、私たちが自信をなくしたり、意欲を失ってしまっても仕方がないのかもしれません。そんなときに思い出してほしいことは、今の努力は他人との競争のためではなく、自分の可能性を引き出し、伸ばすことにあるということです。心が落ち込んだときはゆっくりと休んで、気持ちが落ち着いたらゆっくりとマイペースで再開すればよいのです。

朝永先生はその後、仁科芳雄先生の勧めで理化学研究所の研究員となり、「こんな暗い日が三年間ほどつづいたが、こういう状態からぬけ出させてくれたのは、仁科先生との出会いであった」と語っています。

## 子どものメンターは親の役目

朝永先生は、仁科先生というメンターと出会うことで立ち直り、研究への意欲を取り戻しました。良きメンターの面目躍如といった感じです。

子どもが意欲を失ってしまった場合は、親がメンターの役割を果たすべきです。親は子どもがピンチのときに手助けしてあげられる最も身近な存在だからです。

子どもが元気なときはそっと見守ってあげることがベストですが、悩んでいるなら話を聞いてあげてください。普段から子どもをよく観察していれば、子どもが意欲をなくしていたり、何かに悩んでいればすぐにわかるものです。子どもから何らかのヘルプサインを受け取ったら、アドバイスをするのではなく、ただ話を聞いてあげてください。

親が真剣に話を聞こうとする態度は、必ず子どもに伝わり、子どもは心を開いて話してくれます。話すことを通じて、子どもも自分の心の中が整理できますから、「どうして意欲が起きないのか」などの悩みの原因も自分で理解できるようになり、自然と解決へ向かっていくかもしれません。

意欲をなくしている子どもに対して一番やってはいけないのが、一方的なアドバイスです。親としては、子どものために将来を思ってアドバイスしているつもりですが、実は親が自分の安心のために言っている面もあります。

子どもはそのことがわかるから、「親は自分の気持ちをわかってくれない」と感じて心を閉ざしてしまうことになりかねません。

子どものことを本当に思うのならば、子どもの話をさえぎらずに聞いてあげることがベストです。子どもの話を聞くのは一見簡単そうに思えますが、辛抱とエネルギーがいるものです。何よりも深い愛情が必要です。

子どもが話そうとしても、つい「あれこれ悩んでもしょうがないんだから、○○しなさい！」とか「そんな考えじゃ世の中渡っていけない」などと言ってしまいがちですから、そういう気持ちを抑えるだけでもエネルギーが必要です。子どもは自分の考えをうまく言葉にできませんし、その上、「子どもの考えが理解できない」となると、イライラして疲れ果ててしまうこともあるでしょう。

「子どもの話を聞いてあげてください」と言うと、「忙しくてそんな時間はない」「疲れていてできない」とおっしゃる親御さんが多いのですが、子どものことを本気で思うなら、忙しくても、疲れていても話を聞くべきです。そうすれば子どもは「お母さん（お父さん）は仕事で疲れているのに僕（私）の話をちゃんと聞いてくれる」と感じて、親を信頼するようになり、心を開いてくれます。そして、そのことが子どもの悩みを和らげることにつながるのです。

## 創造力を発揮するために才能に頼る必要はない

私がひとつの章を割いてまで〝才能〟の話をするのは、私自身、若い頃に才能に関して思い悩んでいた時期があったからかもしれません。

東京大学には「進学振分け」という独自の制度が存在します。東大に入学した時点では学部は決まっておらず、二年生の前期までの成績によってどの学部のどの学科に進学できるかが決まります。

私は進学振分けで物理学科に進んだのですが、そのときは学科でビリに近い成績でした。

そのときに、「ああ、こんなに賢い人たちがたくさんいる中で自分は生き残っていけるのだろうか」と不安を心の底で感じました。案の定、私が知らないことを他の学生はいっぱい知っていて議論についていくことができず、私自身精いっぱい努力してきたつもりなだけに「自分には才能がないのではないか」という不安をぬぐい去ることができませんでした。

「自分はみんなより頭の出来がよくない。上には上がいる」ということが身に染みて実感できたときから、「みんなと同じ方向に行っても勝てない」と考え、自分のやるべき分野を探すようになったのです。そこから情報地図づくりが始まりました。

当時は「高温超伝導」が発見されたことでみんながその分野に集まり、面白く、かつ、極めて重要な分野だということもわかっていましたが、この分野で自分が生き残れる気はとてもしませんでした。

私が選んだ研究は、「量子力学的連続測定過程を記述する」という課題でした。今は流行りのテーマのひとつになっていますが、当時はその重要性がほとんど認識されていませんでした。それどころか、手を出すべき分野ではないとされてきました。このテーマは量子力学の「観測問題」と呼ばれる問題と関係があり、成果の出にくい微妙な問題とされていたからです。

光の二重性実験を見たときに感じた疑問から始まった私の研究は、「何がわかっていないか」を様々な論文を読みあさって理解するのに一年かかり、答えに至る最初のきっかけをつかむまでさらに一年かかりました。そのようにして苦心惨憺（さんたん）の末、最初の論文を書き上げて学会で発表したのですが、反響はほとんどありませんでした。おまけに、連続測定の理論で博士の学位論文を書くことを拒否されてしまいました。

しかし、私はそのテーマを選んだことをまったく後悔していません。それは最終的に答えが出せたからでも、三十年後に流行りのテーマになったからでもなく、自分で見つけたテーマだったからです。もし指導教員から与えられたテーマだったら、最後までやりきることはできなかったでしょう。当時、そのテーマの専門書はなく、論文だけを頼りに苦労して見つけたテーマだったからこそ、やりがいを感じて最後まで考え続けることができたのです。

創造力を阻害する要因は様々ですが、そのひとつに「他人の目」というのがあります。特に若いときは、周囲の目を気にしてしまうものです。そうなると周りの人が何をやっているかが気になります。自分がやろうとしている研究を周りの人たちもやりたがっていると安心できます。みんながやろうとしているのだから、間違いないと。逆に、自分がやろうと思っている研究をやっている人が周りには誰もいないと不安になります。他人の目を気にしすぎると、流行から離れて独自の道を歩むことが難しくなるのです。

でも、みんなと同じ方向に行ってもオリジナルなものは見つかりません。オリジナルなことをやるには、自分で情報地図をつくってまだ誰も立ち入ったことのない森の中に飛び込んでいくしかありません。不安かもしれませんが、オリジナルなものであればあるほど初期の段階での孤独は避けられません。しかし、その逆境を乗り越えて解決に至ったときの喜びと感動は、その後の人生における困難を乗り越えるために必要な、かけがえのない勇気と希望を与えてくれるものなのです。

創造力はシステマティックに手順を踏めば、誰でも鍛えることができます。その過程において、才能という概念に頼る必要が生じる場面は皆無です。これは読者のみなさんを勇気づけるために言っているのではなく、事実だから言っているのです。

才能の本質がなんであるかは今の科学では解明できないのだから、そんなあいまいな資質のことで悩んでも自分の人生にとって何のプラスにもなりません。むしろ、才能とは結果であると割り切って、才能など気にしないで自分の好きな分野で創造力を発揮するために努力を積み重ねることの方がはるかに生産的であると思います。

# 第 5 章

Creativity

# 「創造力」を育て続けるために

## 創造力を持ち続けるために情熱に火を灯す

創造は、誰も想像したことがない夢のようなことができたら……という思いを形にしたものです。それを万人が認識したときにはすでに完了しています。

創造的であるためには、未踏の山の頂を目指す必要があります。逆に、山の頂を目指して努力を続ける限り、創造の営みは前進し続けます。そして、その過程で自らの可能性は広がり続けます。このように真実は単純なのですが、「創造力なんて自分とは関係のないもの」というのが大多数の人のマインドセットでしょう。

今の日本人が高い目標を持ちづらいのは、長引く不況が影を落としている影響が大きいと思われます。今の大学生を見ていると、私が学生だった頃と比べて総じて真面目です。私が学生の頃の日本は、バブル経済の絶頂期で真面目に大学の授業に出ている人は少数派で、みな目の前の楽しみに浮かれて日々を暮らしているような感じでした。それに比べると、今の学生は真面目で毎日授業に出てきます。もちろん、これが本来あるべき姿なのですが、マインドセットの本質的な変化を感じます。

今の学生は、生まれてから今まで一度も景気がいい世の中を経験したことがありません。さらに、彼らにとって最も身近な存在であるご両親は、多かれ少なかれ不況の煽りを受けて苦労されてこられた場合が多いのではないかと思います。そういうことが背景にあって、長きにわたる努力が要求される高い目標を持ちづらいのではないかと思います。

日本人のマインドセットが内向きになり、高い目標を持って夢を追求しようとはならない状況で、どうすれば一人ひとりが創造力を発揮することを自分事として捉えられるようになるのでしょうか。

高い目標を達成し、創造力を発揮するためには、長期的な努力が必要になってきますが、それを支えるのが情熱です。自らの情熱に火を灯し、その火を長く灯し続けるためにはどうすればよいのでしょうか。

私はそのための王道は、自分が興味を持つ分野の情報地図を地道につくり続けることだと思います。その過程で、脳のニューロンのネットワークが次第に形成され、自ら収集した様々な事柄の関連が理解できるようになり、全体像が俯瞰できるようになってくると、そこに未踏の山の頂が見えてくるのです。その時点で情熱に火がつきます。そして、このような地道で着実な方法で灯された情熱の火は、生涯にわたって私たちの心を照らし続けるのです。

## 科学技術の大発見は粘り抜いた結果

科学の大発見は、粘り抜いた結果としてもたらされるものです。

二〇一四年に青色ＬＥＤの発明と実用化に貢献したことで、故赤碕勇先生（受賞当時・名城大学終身教授）と中村修二先生（カリフォルニア大学サンタバーバラ校教授）と共にノーベル物理学賞を受賞した名古屋大学教授の天野浩先生からは、二年間にわたって一五〇〇回以上の実験を行ったと伺ったことがあります。

ＬＥＤとは、「発光ダイオード」と呼ばれる、電流を流すと光を発する半導体のことです。従来、ＬＥＤが発光できる色は赤やオレンジ、黄色、緑でしたが、青色ＬＥＤが発明されたことで、白色ＬＥＤが実現し、明るく省エネルギーで安価に供給できる光源をつくり出すことが可能になりました。

白い光（白色ＬＥＤ）を生み出すためには、光の三原色である赤、緑、青が必要でした。赤色ＬＥＤは一九六二年に発明され、一九七〇年代までに黄色、オレンジ、緑などの色が誕生するなど青以外の色は比較的早い段階から完成していましたが、波長が短い青色ＬＥＤの発明は三十年にわたる研究にもかかわらず、実現することができませんでした。

それを発明し実用化したのが赤﨑先生、天野先生、中村先生の三人なのです。

研究はどのように進められたのかというと、一九六四年に赤﨑先生が松下電器産業（現パナソニック）が新設した研究所で青色ＬＥＤの材料となる「窒化ガリウム」に目をつけ、青色ＬＥＤの開発に取り組み始めます。しかし、窒化ガリウムは扱いが難しいため、多くの研究者が窒化ガリウムで青色ＬＥＤを開発する研究から撤退していきました。赤﨑先生の研究も困難を極め、失敗を繰り返す日々だったようです。成功の兆しがまったく見えない研究は、社内から批判を浴び、ついには組織のトップから研究をやめるよう命令が下ります。

それでも研究をあきらめきれなかった赤﨑先生は、古巣の名古屋大学に戻って研究を続けます。そこで、当時名古屋大学の大学院生だった天野先生に出会います。赤﨑先生は天野先生に対して細かな指示はせず、研究の目的や目標を共有するだけにとどめ、天野先生のサポート役に徹したそうです。

天野先生は修士の一年生のときに、「窒化ガリウムは面白い素材だよ」と赤﨑先生に教えてもらったことをきっかけにして、青色ＬＥＤに必要な窒化ガリウムの結晶化を試みます。

天野先生は構内への立ち入りが禁止されていた元日以外は、研究室で実験を繰り返しては失敗するという毎日を二年間も続け、一五〇〇回以上の実験を行っていますが、何の成果も得られず、惨憺たる思いで一五ページ足らずの修士論文を提出しました。

そのあとも天野先生は実験を続けます。ある日、いつも通り実験を始めようとすると、実験装置の調子が悪く温度が上がらなくなっていたため、いつもとは違う実験をやってみることにしたところ、きれいな結晶が出来上がりました。このとき、世界で初めて窒化ガリウムの高純度の結晶化に成功し、さらに当時不可能と考えられていたｐＮ接合型のＬＥＤを実現することで、青色ＬＥＤ開発の突破口を開くこととなったのです。

赤碕先生と天野先生によって発明された青色ＬＥＤを、実用化できるレベルの高輝度な青色ＬＥＤに進化させたのが中村先生です。

中村先生は、日亜化学工業で青色ＬＥＤ用の高品質な結晶膜をつくるための装置の改造を行っていました。当時は、高輝度な青色ＬＥＤは二十世紀中には開発できないだろうと言われていましたが、中村先生は一九九三年に開発に成功します。

その裏には、中村先生の粘り強い仕事ぶりがありました。中村先生は毎日、午後に実験を行い失敗したら、何がいけなかったのかを考え、翌朝七時から装置を改造し、午前中までに改造を終えると、午後に実験を行うという日々を一年半もの間繰り返しており、その間の休みは正月の二日間だけだったそうです。

大企業（当時の日亜化学工業は年間売上高二〇〇億円に満たない中小企業）では実験装置の改造は、装置をつくったメーカーに外注するのが慣例でしたが、外注すると最低でも三カ月はかかってしまいます。一度実験に失敗して改造を外注するというスケジュールでは、年間数回しか改造が行えません。ところが、中村先生は毎日実験装置を改造しているので、圧倒的なスピードで実験装置を改善できました。

自分で装置を改造し（しかも半日で！）、実験をする、という驚異の方法と粘り強さがあったからこそ、二十一世紀を待たずして高輝度な青色ＬＥＤの開発ができたのです。

一九六四年から始まった赤碕先生の青色ＬＥＤの研究が、弟子である天野先生に受け継がれ、一五〇〇回以上の実験を繰り返した末に、一九八六年についに青色ＬＥＤの結晶化に成功します。それをもとに、毎日実験と装置の改造を繰り返した中村先生によって、一九九三年に実用的な高輝度の青色ＬＥＤが開発されたのです。

一九六四年から九三年まで約三十年間という長い歳月をかけて、青色LEDは製品化されました。青色LEDの寿命は蛍光灯の四倍あり、消費電力はこれまでの電球の一〇分の一です。

このことによって、電気代の節約や省エネが実現して地球温暖化対策につながり、オフィスや家庭で使われるだけでなく、街中のイルミネーションや信号機など様々なところに取り入れられ、世界を照らす新しい光として人類にとって多大な利益をもたらすことになりました。

## 秀才に必要な力は「粘る力」

秀才と言われる人が創造性を獲得するために必要なことは、「粘る力」と言えるかもしれません。一見すると、彼らは厳しい受験勉強に耐えて難関を突破したのだから、「粘り強い努力があってこその合格」と思うかもしれません。

しかし、受験勉強と粘る力はあまり関係がありません。努力と成果がおおむね比例する受験勉強に対して、粘る力とは努力をしてもなかなか成果が出ない状況下でも長期的な目標を見据えてあきらめずに努力を継続する力をいいます。粘る力は、長距離ランナーのように長時間地道に走り続ける（努力し続ける）ことで「考える力」や「創造力」を鍛えるために必要なものです。持久力のいる「長距離ランナー型の思考」を鍛えるために必要な力です。一方、受験において必要なのは短距離ランナー型の「マニュアル力」です。

マニュアル力は、与えられた問題や課題を時間内に効率よく解く能力ですから、難しい問題を最後まで解き切らなくてもいいのです。時間内にいかに多くの問題を解くかが合格の鍵を握っていますから、難しい問題は解けなければ飛ばして次の問題を解いた方が高得点につながります。むしろ、一番難しい問題は捨てることが推奨されます。

マニュアル力においては、持久力のいる粘る力よりも、瞬発力が求められるのです。短い時間で効率よく試験問題を解く訓練を続けると、優秀な短距離ランナーのような瞬発力や思考法が身につきますが、思考も短絡的になりがちです。

瞬発力は、比較的短い期間で身につけることができます。受験に合格するためのマニュアル力は、予備校に通えば入試問題の傾向を分析してマニュアルになるまで落とし込んでくれますから、そのマニュアルを身につけさえすれば効率よく問題を解くことができて合格できます。

それは難関大学も例外ではありません。考える力を持った学生を選抜するためにどんなに問題を工夫しても、予備校や進学塾は入試問題の傾向を分析してマニュアルに落とし込んでいきますから、受験生は提供されたマニュアルに従って勉強していれば合格できてしまうのです。

もちろん、マニュアル力を身につけるにも努力は必要です。志望校合格のために、努力しなければマニュアル力は身につかないため合格できません。にもかかわらず、受験勉強等ではマニュアル力は鍛えられても、粘る力は鍛えられにくいのです。その理由は、粘る力は入試では捨ててもよい一番難しい問題を解き切るために必要な力だからです。

粘る力は、難関校に合格した秀才が持っている力ではなく、秀才こそが身につけないといけない資質だと思います。

彼らは難しい受験をパスして入ってきているので「マニュアル力」はある。学部学生時代には、基礎となる専門科目をきちんと学び、それを応用する力もついているため「考える力」もある。足りないのは「創造力」と、それを発揮するために必要な「粘る力」だけです。したがって、粘る力が身につけば創造力を発揮できる可能性が格段に上がります。

## 「粘る力」を身につけるには「サーベイ」が欠かせない

第4章では、「徹底的なサーベイをするには、『あきらめない人間力』が必要になる」と述べましたが、実はサーベイとあきらめない人間力（粘る力）の関係は表裏一体です。「徹底的なサーベイ」をやり遂げるには「粘る力」が必要ですが、「粘る力」を身につけるには「徹底的なサーベイ」が必要だということです。

ここでは、「粘る力」を身につけるには「徹底的なサーベイ」が必要である、という意味を詳しく説明します。

自分の興味や関心、研究したいテーマなど創造的な課題を見つけるためには、サーベイをする必要がありますが、サーベイには苦しみも伴います。サーベイの苦しみとは何かというと、最初はサーベイする分野に対する知識がほとんどない状態から始めるため、「何がわかっていること」で「何がわかっていないこと」かもわからない状態から出発します。研究対象は、それらがわかってから初めて決まるものなので、サーベイの段階ではフラストレーションがたまり、不安が募ってきます。

みなさんも経験があるかと思いますが、何かを調べるときに、その分野についてあまりにも知らないことが多いと、サーベイがなかなか進みません。出てくる用語の意味もひとつひとつ調べなければなりませんから、時間ばかりかかってしまいイライラすることもあるでしょう。

まだ誰もつくったことがない新しいものを創造するには、既知のものを知っておく必要がありますから、様々な資料や文献に当たらなければなりません。たいていの分野では、既知の情報は膨大なので「これを全部調べるのか……」とため息が出てしまうことでしょう。

サーベイがなかなか進まないと、テーマが決まりませんから、次第に焦りも出てきます。「こんなに効率が悪くて大丈夫か」「本当にこの調べ方で合っているのか?」「このまま続けて新しいことが発見できるのか?」と不安にもなってきます。そのような状態で努力を続けなければならないので、多くの人がサーベイを途中で投げ出して、流行に飛びついてしまいます。

## サーベイの苦しみを乗り越えると、人の何倍も努力できるようになる

苦しいサーベイを続ける意義はどこにあるのでしょうか。
次の三つが挙げられます。

サーベイのメリット
一、情報地図に基づき、最適な課題設定ができる
二、その過程で頭脳が鍛えられる
三、モチベーションが高まり、人の何倍も努力できるようになる

ひとつひとつ説明していきましょう。

一、情報地図に基づき、最適な課題設定ができる
創造的な仕事は、オリジナルな課題を見つけることから始まります。

そのためには時間を惜しまずに、しっかりとサーベイすることが非常に重要になります。この段階で効率を上げようとして、時間を節約するとサーベイがおろそかになり、間違った課題設定をしかねません。そうなってしまうと、本末転倒になってしまいます。徹底的なサーベイの結果、分野全体を俯瞰できる情報地図が作成できますので、それに基づいて様々な課題を比較検討でき、自信をもって最適な課題設定が可能になります。

### 二、その過程で頭脳が鍛えられる

サーベイをしっかり行うことには、そのプロセスで頭脳が鍛えられるという何物にも代えがたい大きなメリットがあります。サーベイの過程で文献やデータを理解し、得られた結果を整理し、分析・比較する力が身につきます。ここで鍛え上げられた頭脳は、選択した課題を解決する段階でも強力な武器になります。

サーベイによって鍛えられる脳力は、次の三つです。

①ロジカルシンキングが身につく

サーベイする過程において大量の資料や文献を読むことになりますが、そこに書かれていることを正確に理解するには、論理的に読み解かなければなりません。筋道立てて書かれている論理に矛盾や破綻がないかを確かめながら読んでいくわけです。すると、自然にロジカルシンキングが身につき、読んでいる資料や文献の論理の飛躍などが理解できるので、そこから新しい発見の種を見つけることができるかもしれません。

②その分野特有の考え方の型が身につく

大量の資料や文献を読むことで、その分野特有の考え方の型が身につきます。新たな創造をするためには、その分野特有の考え方を身につける必要があります。そのような型は、綿密なサーベイをする過程で自然に習得できます。

③オリジナルなものに対する嗅覚が身につく

サーベイの過程においては、「何がすでにわかっていること」で「何がまだわかっていないこと」なのかを意識しながら文献や資料を読んでいきます。それは分野全体の俯瞰図である情報地図を作成すると同時に、情報地図の空白地帯に潜む研究や課題の種を発見するための作業です。そういう意識で資料や文献を読んでいくと、だんだんとオリジナルなものが何であるかに関する嗅覚が研ぎ澄まされてきます。そのための最良の方法は、多くの本物にじかに触れることなのです。研究でいう本物とは、一流の学術雑誌に掲載された論文のことです。

美術品に対する審美眼も同じで、数多くの美術の解説書を読んでも審美眼は養われません。美術館に行って本物をただひたすら見ることで養われます。音楽も同じで、一流の音楽家の演奏を数多く聞くことで本物の音楽がわかるようになるのです。

## 三、モチベーションが高まり、人の何倍も努力できるようになる

サーベイすることのメリットの三番目は、苦労を厭わずしっかりとサーベイすることで、自らの興味が深まり、今している努力の意義も明確に理解できるようになります。すると、自然にモチベーションも高まっていき、頑張りが利くようになります。結果的に、徹底的にサーベイした人は、人の何倍も努力できるのです。

このように、困難に直面してもあきらめずに最後までやり抜くための王道は、取り組む課題を自ら見つけることです。徹底的なサーベイを行うことで、自ら作成した情報地図に潜んでいる未踏の山が発見でき、それができると山頂に到達するまであきらめられなくな

るのです。

## サーベイにおける「成功体験」とは？

サーベイの重要性や意義はわかっていただけたかと思いますが、問題は「サーベイの苦しみをいかに乗り越えるか」ではないでしょうか。

一番いい方法は、「サーベイすることが好き」という状態にもっていくことです。人は好きなことであれば苦しくても続けられます。

具体的な例を使って説明しましょう。

ランニングを趣味にしている人がいますが、ランニングをしない人からすると「長時間走るなんて苦しいだけなのに、何が楽しくて走っているんだろう？」と思うでしょう。ランナーからすれば、走ること自体が楽しいから続けているという感覚です。ただ、走ることが好きでも、走り始めるまでは物憂くて「今日はやめようかな」と思うこともあると聞きます。

それでもランニングを何年も続けられるのは、ランナーズハイという状態になるからです。ランニングを行うと走り始めは苦しいのですが、それを我慢して走り続けていると、ある時点から気分が良くなり快感や恍惚（こうこつ）を感じることをランナーズハイといいます。このランナーズハイの状態を経験したことがある人だけが続けられるのです。

勉強も同じです。勉強しようと机に向かうのは、誰でも物憂いものです。でも、いざ勉強を始めて一定時間経つと、だんだんエンジンがかかってきて気がつくと集中している。そういう状態を経験した人は、勉強が好きになりますが、たいていの人はそこに至らず物憂いまま終わってしまう。だから勉強が嫌いになるのです。

サーベイすることを好きになるには、ランニングや勉強と同じで、その行為を行うこと自体が楽しいという状態に至るまで継続し、サーベイを行うという行為に知的興奮を覚えるという「成功体験」を経験することが必要です。

サーベイにおける成功体験とは、どんなことでしょうか。

私が考えるサーベイの喜びとは、調べるという行為を行うことで、これまで知らなかったことがわかったときに得られる「知的興奮」、サーベイの結果として全体像が把握できるようになり、分野全体を俯瞰しながら個別の事柄の位置づけや事柄の間の関連が深く認識できるようになるときに体験する「知的満足感」、そして情報地図の中に未開拓の領域を発見したときに感じる「知的感動」にあると思います。この知的感動を一度でも体験した人は、サーベイという知的探求を止めることができなくなるのです。

好きなことに関してのサーベイであれば、続けているうちに最初は真っ白だった地図が徐々に埋まっていくことで色々なことが見えてきます。見えてきたものをきっかけにして、さらに好奇心が高まることでスイッチが入って集中できるようになります。

サーベイにおける成功体験は、知らなかったことがわかるようになること以外にもあります。

例えば、料理好きだけれど忙しくて時間がない人が、「手間も時間もかからないおいしいレシピはないだろうか」と考えたとします。インターネットや料理の本などを読み込みサーベイした結果、電子レンジを活用した時短レシピというのはまだ誰もつくっていないとわかった（実際には九〇年代に時短レシピが出始めますが、それ以前は電子レンジが普及していなかったため、電子レンジを活用したレシピはありませんでした）。

そこで実際に、電子レンジを使った料理を試していきます。時間がどれくらい短縮できるのか、それはおいしいのか、栄養価はどうなのかなど様々なことを考えながらレシピをつくって、それをレシピコンクールに応募してみる。あるいは、今なら自身のSNSに載せる。すると、まったく新しいものとして、大反響だった。

このように創造力を発揮すること自体が、サーベイによる成功体験ともいえます。サーベイをしなければそもそも何が新しいかもわからないので、サーベイそのものが発見の源となり、またサーベイしたくなるという好循環が生まれます。

## 一度始めたことは何が何でもやり続けるべきか？

困難に直面してもあきらめずに目標に到達するまで粘り抜く力は、創造力を発揮する上で欠くことのできない重要なものです。その一方で、あまりにも頑張りすぎるとかえってメンタル不調に陥るのではないか、という考えもあります。

確かに、自分に合わない仕事やスポーツ、自分がそれほど興味を持てないものをやり続けるのはおススメできません。一度始めたことは、何が何でもやり続けるべきだと考えて、好きでもないことを続けると成果も出にくいですし、モチベーションも上がらないため、心が折れてしまうでしょう。

そして何よりも良くないのは、「最後まで粘り続けるのはいいことだ」という思いが強すぎて自分に合わない仕事やスポーツを続けていると、自分にもっと合っている仕事やスポーツに巡り合う機会を失ってしまうことです。粘り強く頑張ることは大事ですが、今、自分がやっていることは本当に好きなことなのか、自分の心に問うべきです。

自分にとってもっとも重要だと思うことは、粘り強く取り組む価値があります。しかし、中には自分が本当に好きなことに取り組んでいても、成果がなかなか出なければメンタル不調に陥ってしまうこともあります。

そういうときは、一息ついてリフレッシュすることをおススメします。軽度の落ち込み程度なら、リフレッシュすればまた元気になって戻ってこられます。

深刻に落ち込んでいる場合は、思い切って休むべきだと思います。軽度の落ち込み程度なら、疲れていることが自覚できますから、自主的に休むこともできます。しかし、どう見ても疲れていることがわかる状態の人は、自分の疲れに気づけなくなっていますから、周りのケアが重要になります。

一度「休む」と仕事や勉強に戻れなくなるのではないかと不安に思うのかもしれませんが、そんなことは決してありません。じっくりと休むことによって体力が回復するだけでなく、低下している脳機能が回復するのです。

## なぜ効率ばかりを追い求めてはいけないのか？

仕事でもプライベートでも、コストパフォーマンスやタイムパフォーマンスといった効率を重視する風潮があるように思います。仕事ではより短時間で成果が出るものが求められ、すぐに成果が出ないものは非効率だと切り捨てられてしまいます。

もちろん、マニュアル力で対応できる仕事や、目標がはっきり決まっている仕事の場合は、効率を重視することで無駄なコストの削減や従業員の負担軽減などが図られるため非常に合理的です。

しかし、創造力が必要とされる仕事においては、長距離型の思考で臨まないと、どうにもなりません。その理由は、深い思考ができるようにニューロンのネットワークを脳内で構築する必要があるからです。そのためには当然時間がかかります。創造力の育成には、長期間にわたる地道な努力の継続が求められるゆえんです。

国家が創造力を持った人材を育成しようとする場合には、さらに長期的な視点に立った継続的な施策が求められます。

わかりやすい例として、日本人のノーベル賞受賞者数の推移を見てみましょう。

日本では二〇〇〇年以降ノーベル賞受賞者数が急増しています。

二〇〇〇年に白川英樹氏、二〇〇一年に野依良治氏、二〇〇二年に田中耕一氏と三年連続で化学賞を受賞しており、同じ二〇〇二年には小柴昌俊氏が物理学賞を受賞しています。少し空いて二〇〇八年には、物理学賞で南部陽一郎氏、小林誠氏、益川敏英氏の三人が同時に受賞したほか、下村脩氏が化学賞を受賞します。この年だけで四人もの受賞者が出ています。

二〇一〇年以降は、二〇一〇年に化学賞で鈴木章氏と根岸英一氏が、二〇一二年には山中伸弥氏が生理学・医学賞を受賞しました。二〇一四年には赤﨑勇氏、天野浩氏、中村修二氏の三人が物理学賞を受賞。翌年の二〇一五年には大村智氏が生理学・医学賞、梶田隆章氏が物理学賞を受賞。翌二〇一六年も大隅良典氏が生理学・医学賞を受賞したので、二〇〇二年に続いて二回目となる日本人三年連続受賞になりました。

二〇一八年には本庶佑氏が生理学・医学賞を、二〇一九年には吉野彰氏が化学賞を受賞。二〇二一年に真鍋淑郎氏が物理学賞を受賞します。

二〇〇〇年代は八人、二〇一〇～二一年は一二人と合わせて二〇人ものノーベル賞受賞者が出ました。日本は二〇二二年までの、国別のノーベル賞受賞者数で見ると世界で七番目の位置につけていますが、二〇〇〇年代、二〇一〇〜二一年代の相次ぐノーベル賞受賞者のほとんどは、一九八〇年代から九〇年代に行った研究が認められ評価されたものです。

一九八〇年代から九〇年代の日本はバブル経済期で、非常に景気のよい時代で、国を挙げて研究開発に力を入れていたこともあって、研究の分野で大きな成果が出ていました。

ところが二〇〇〇年以降、景気が後退する中で、企業の研究開発はビジネスに直結するテーマに絞られるようになり、二〇〇四年の国立大学法人化以降は大学への運営費交付金や補助金などが削減されたため、大学での研究環境が急速に悪化しました。このような状況から、ノーベル賞に代表されるような日本の研究における国際競争力の低下が懸念されています。その時々の経済状況が研究開発費を左右することはやむを得ないことかもしれませんが、こと創造力の育成に関してはバブル期のような多大な投資は必要ありません。創造力の育成はそのために必要な「脳力」を高めることであるということに留意すると、長期にわたる安定的な支援体制が最も重要であることがわかります。

これは国の話ですが、企業にも当てはまることです。短期目線で会社の経営をしていては、長期にわたる安定的な成長は望めません。構成員の意識がそこに向かないからです。短期的な利益を追求することも大切ですが、それは企業の長期的な成長を支え、それが最終的には構成員の利益につながるということに意識を向けさせるような経営が、優れた経営者の目指すべき姿ではないかと思います。

## 長距離型思考の方が最終的なメリットは大きい

ただ、長期的な事業をやるとリターンが大きいことを実感してもらわないと人は動きません。「今、やっている研究開発は十年後には必ず成功しますから、十年待ってください」と言っても上司は納得しないでしょう。

ではどうすればよいか。次ページの図をご覧ください。縦軸は努力で一〇〇%が最大値で、横軸は時間を表しています。最初のプロジェクト1を始めるときは、縦軸の努力は一〇〇%であり、努力のすべてを一つのことに集中します。数年経つと、突破口が開け順調に事業が進み始めますので、今までよりも少ない努力で成果が出るようになります。この時点で時間にも研究開発費にも余裕が出ます。この余裕を使って、次のプロジェクト2を

## 長距離型思考と複数プロジェクト

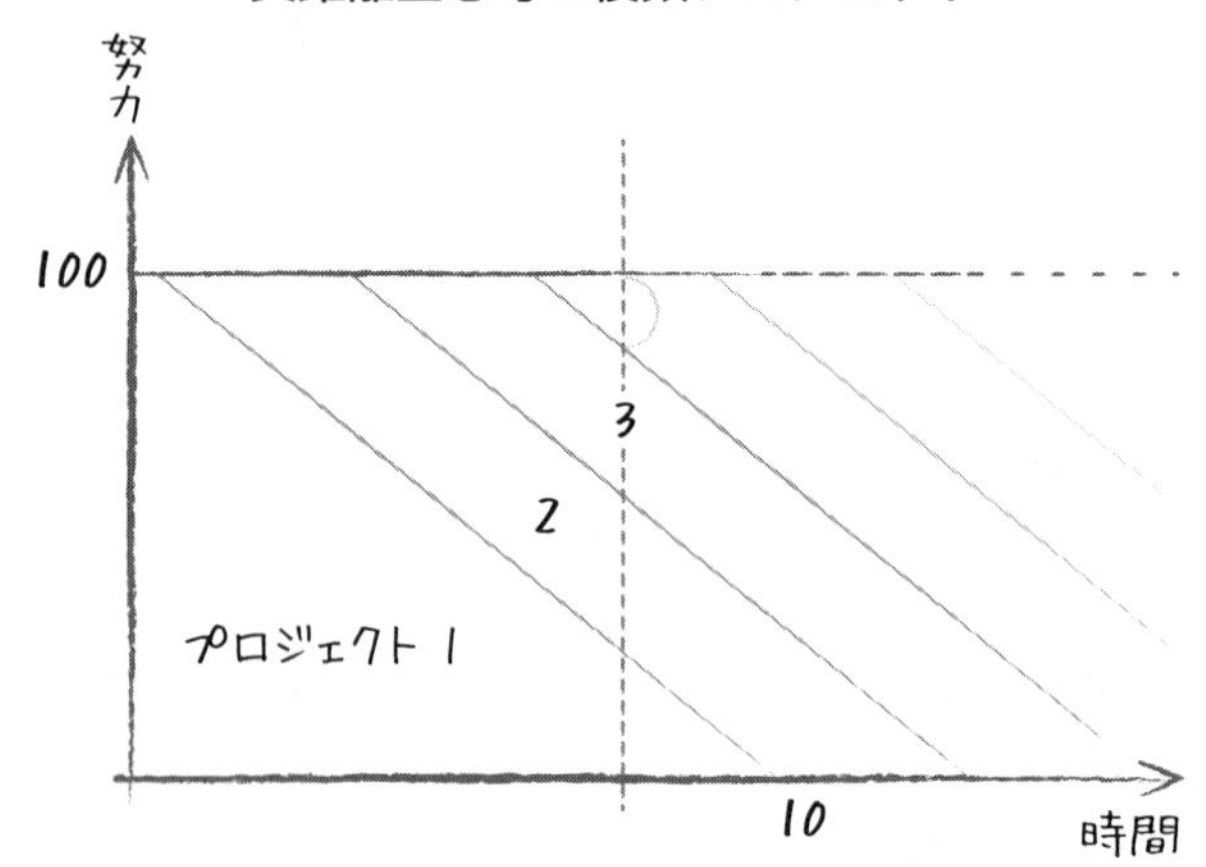


並列してプロジェクトに取り組む際は、思考を分散させない

始めます。すると数年後にはまた成果が出始めます。そうなったら余った時間とお金を使って、プロジェクト3を開始します。

このように、ステージが異なる長期的なプロジェクトを並列させます。なぜ並列させるのかというと、いつまでも同じやり方でやっているといずれ行き詰まるからです。ひとつのプロジェクトで成果が出るのは、成功してから十年間くらいですから、プロジェクトがひとつしか動いていなかったら、十年経ったらそれで終わってしまいます。

並列させるプロジェクトは、だいたい三本くらいが適当であると思われます。理想の並列状態は、プロジェクト1は軌道に乗って順調に成果が出ている状態、プロジェクト2は成功の見通しが立ってこれから成果が出始める状態、プロジェクト３は種を仕込んでいる状態というものです。この組み合わせがうまく回転していけば、研究開発は長期的に安定します。

この方法には留意点があります。

初めてのプロジェクトの立ち上げ時期は、しっかり集中して行い、次のプロジェクトは余裕ができるまで始めてはいけません。余裕がないのに始めてしまうと、どちらのプロジェクトも中途半端になってしまいます。プロジェクトの難易度はギリギリ頑張れば達成できるレベルに設定しているため（安易に達成できるプロジェクトではリワード〈報酬〉が少ないため）、軌道に乗り余裕ができるまではひとつのプロジェクトに集中します。つまり、「並列とは分散という意味ではない」ということです。

このように常に長期目線でプロジェクトを並列させるやり方を繰り返していくと、どの時点でも研究開発がアクティブに進行しているため、安定的に成果を生み出すことができます。

独創的な研究成果を生み出すためには長い時間がかかりますが、そのような長期にわたる努力を継続するためには、成果を安定的に生み出せているという心の余裕も必要なのです。

## 他人と違う道の先に創造性がある

創造力を発揮するためには、他人がやっていることではなく、やっていないことに意識を集中する必要があります。徹底的なサーベイを行って情報地図をつくる目的もそこにあります。「流行を追わない」と言うこともできます。

研究の分野で言えば、流行の最先端はハーバード大学やマサチューセッツ工科大学（MIT）でやっている研究ですが、彼らがやっていることは手がけないということです。

ハーバード大学やMITの研究者は、「私たちが世界中の研究の流行を創り出している」と自負している一騎当千の人たちです。多くの若手研究者は彼らの研究に憧れ、「今やるべき研究はこれだ！」と考えがちです。彼らが研究について語る情熱や、彼らがやっている研究がメディアを賑(にぎ)わすのを目(ま)の当たりにすると、その研究を自分も是非ともやりたいという気持ちになるのでしょう。

そういう気持ちはわからなくもありませんが、得られる報酬は努力のわりに少ないという点に留意する必要があります。彼らがやっている研究はいわば流行の研究です。流行の研究は脚光を浴びることもできますし、重要な研究も多いため多くの人が追随します。そのため、当然競争も激しい。激しい競争の中で研究をしても、先頭集団の後追いであるため、二番煎じの成果しか望めません。そして何より、オリジナルではありません。

私は彼らをとても尊敬しています。そして、彼らが何を目指しているかも興味を持って勉強しています。それによって「何をやってはいけないか」を理解することができるからです。さらに勉強し、情報地図を充実させ、彼らがやっていない空白の部分を深く理解することでオリジナルな研究の可能性が見えてくるのです。

「オリジナルな研究がしたい」「オリジナルなものをつくりたい」と思うならば、流行に流されたり、周囲の意見や評価を気にしてはいけません。

自分にしかできない独自のことをやりたいと思うならば、他人のやっていないことに目を向け、他人の評価ではなく自らの評価基準（＝情報地図）をもつ必要があります。

## 創造力を育もうとする前に「子どもとの関係性」を大事にする

子どもの創造力を育むためには、まずは子どもに「親（自分）のことを信頼してもらうこと」が大切なのではないかと思います。信頼できない人の言葉には誰も耳を傾けてはくれません。子どもの信頼を失って心を閉ざされてしまったら、こちらが何を言っても聞いてくれません。子どもに創造力を育んでほしいのなら、その前に「子どもとの関係性」を大事にしなければなりません。

子どもとの関係性がより重要になってくるのは、子どもが思春期にさしかかったあたりからでしょうか。この時期のお子さんは無意識に親と距離を置こうとする傾向があります。そのような場合は、黙って見守り、子どもが相談してきたときにも意見を言わずに子どもの話を聞くことに徹する、というスタンスがよいのではないかと思います。

幼いお子さんは色々なことを聞いてくると思います。これはお子さんの好奇心が芽生えるとても大切な時期です。このとき、大切なことは答えを教えることはせず、子どもの疑問を一緒に考えるというスタンスです。この時期のお子さんは、答えに至るロジックを理解できるだけのバックグラウンドを持っていないので、それを親御さんと一緒にたどるという練習の機会ととらえるとよいと思います。

例えば「お父さん、人が三階から落ちると死ぬけど、猫が死なないのはなぜ？」と子どもが質問したとします。親としては、「重力がどうの、落ちたときの衝撃がどうの」と答えたくなりますが、そう答えても子どもは「ふーん」と言って納得するかもしれませんが、実際には内容が理解できていないため知的能力の発達には寄与しません。

答えを与えてしまうと、たいていの子どもはそれ以上考えたり調べたりしなくなるからです。子どもが好奇心を持って質問してきたのに親がポンと答えを与えてしまっては、せっかく芽生えた好奇心はしぼんでしまいます。

効率を求めて答えをすぐに与えるのではなく、子どもの質問に対して「どうしてなんだろうね？」「面白いね」「不思議だね」と言って、一緒に考えてあげることが大切です。そういうやり取りをすると、子どもは色々と考え始めます。その考える過程で子どもの知的能力は発達するのです。このようにして、子どもの好奇心が芽生えると、自分で調べたいと思うようになります。そのようなときに、一緒に図書館に行くなどして調べ方の手ほどきをしてあげると、子どもは調べ方を学ぶようになります。このような自発的な好奇心を育てる手助けをしてあげると、子どもは嬉々として頭を使いますから、子どもの脳の発達に大いに寄与します。

子どもの答えは、ときに的外れなものもありますが、「それは違うよ」と言ってはいけません。そう発言した時点で、子どもとの対話は終わってしまいます。子どもと一緒に考えたり調べたりするという時間を共有することで、子どもの好奇心や知的能力が育つのですから、子どもの発言を否定することでその芽を摘んではいけません。

## 子どもの「意見を尊重すること」と「言いなりになること」の違い

最近は、「子どもの意見を尊重したいから、子どものやりたいようにやらせたい」と考えて子育てをした結果、子どもの言いなりになってしまう、あるいはもっと進むと子どもに隷属してしまう親が増えていると聞きます。

子どもの言いなりになることと、子どもの意見を尊重することは違います。

子どもの言いなりになってしまう親は、子どもの要求を何でも聞いてあげることが、子どもの意見を尊重することだと思っているところがあります。子どもが習い事をしたいと言ったら何でも習わせる、子どもが行きたいというならどこでも連れて行ってあげる、といったように。

確かに、習い事などは子どもが自分から何かをやりたいと言っているのですから、子どもの意見を尊重しているという面もあります。子どもの行きたいところに行くのも、子どもの好奇心を満たしてあげたい、いろいろなところに行っていろいろな体験をしてほしいという親心もわかります。そして実際にプラス面も多々あります。

ただ、その子どもの「要求」と「意見」は違います。小学生くらいのお子さんの場合は、あまりよく考えないでなんとなく「やってみたい」「習いたい」「ここに行きたい」「これ欲しい」と言うことはよくあります。これは脳が発達段階にあるため、仕方がないことなのです。問題は、子どもの要求に対して親がどう対応するかです。子どもの要求をなんでもかんでも聞いてあげるのは、意見の尊重ではなく単なる甘やかしです。

子どもを甘やかしてしまう親は、子ども可愛さのあまりつい子どもの言いなりになったり、忙しさを理由にして子どもにかける手間を省くために甘やかしてしまうという場合が多いのです。

どちらにしても、一時的な甘やかしではないため、その甘やかしはエスカレートしていくことになりかねず、将来的には親子双方にとって禍根を残すことになります。親にも限度がありますから、子どもの要求にすべて応えることはできません。すると、あるところで破綻します。

子どもの脳には、「私が言ったことを親は全部聞いてくれる」という回路が形成されてしまっています。そうなった段階で自分の要求が叶わないとなると、子どもは「もう私（僕）のことが可愛くないの？」「私（僕）のことが嫌いになったの？」と親を責めます。親は親で「望むことは何でも叶えてあげたのに、どうしてこんなことになったんだろう」と嘆く。

どうしてこんなことになったのかといえば、親子での「対話」による「交渉」や「妥協」が何もなかったからです。

そうならないためには、子どもとよく「対話」をして、その「要求」に対して「意見」をプラスするように親が導いてあげることが必要です。「○○を習いたい」という要求に対して、「どうしてそれを習いたいのか」「そうすることで何が起きるのか」ということを子どもとよく話し合った上で、子ども自身が自分の意見を修正できるようになればベストです。

「何か要求があってそれを親に認めてもらいたいならば、自分の意見を合理的な理由を添えて言えなければならない」というふうに、親が子どもを導くことができれば、子どもの意見を尊重することにもなりますし、何よりも子どもの頭脳の発達につながります。

子どもの要求に対しては、ただやみくもにダメと言うのでもなく、かといって要求をすべて呑むのでもなく、子どもとの「対話」を通じてお互いにとっての「妥協点」を探るための愛情のこもった「交渉」の場にすることが、子どもの知的発達にとってプラスになるのではないかと思います。

上から押さえつけられると、気骨のある子は反発しますし、そうでない子は心を閉ざします。そうならないように、なるべくにこやかな表情をうかべて子どもに話しかけると、子どもは親の相手をせざるを得なくなります。そこで対話が始まり、親子双方が納得できる妥協点を探り合います。これは当然ながら時間と辛抱が必要です。

しかし、研究も同じですが、手間がかかるからといって研究の過程を省いたら成果は出ません。親子関係も手間を省いたら、いい関係は構築できません。疲れていても、めんどうくさくても、手間を省いてしまっては子どもの心は育たないと思います。子どもの心が育たなければ、創造力を育むことは望めません。こう考えると、子どもの創造性の育成も、長期的な視点に立った息の長い努力が必要であることが理解できます。

# おわりに

本書の主題である創造力は、本質的に属人的で独創的なものであり、ここに創造力をシステマティックに鍛えることの難しさがあります。人の数だけ異なる創造力があるのです。創造力は脳の活動から生まれますが、ニューロンのネットワークは人それぞれの個人史に従って独自に発達するものなので、創造力の発現の仕方も千差万別で規則性や再現性はほとんどありません。創造力が天性のものとしか見えないのはこのためです。「天才」という言葉が発明された深い理由はここにあります。

しかし、その千差万別な創造力の発露を手助けする方法には共通したものがあるのです。それは一言でいうと、徹底したサーベイによって作成された情報地図に基づいて、今あるものの全体像を俯瞰すれば、そこに欠けているピースが自然と見えてくるというものです。

そして、その欠けたピースこそが創造力を発揮するために目指すべき山の頂なのです。

このように、創造力を発揮するための基本原理は単純なものです。

このことを意識してコツコツと努力すれば、誰でも達成することが可能なのです。実は、情報地図を作成することは、多くの人が無意識に実行しています。趣味であれ、仕事であれ、何かに興味を持った人はそのことについて広く学び、深く理解しているのです。つまり、情報地図を持っている人は無数にいるということです。

要はその使い方。ほとんどの人は得られた地図に書かれている既存の情報に意識を振り向け、それに知的興奮を覚えるのです。もしあなたが創造力を発揮したければ、地図の空白地帯に目を向け、それと既存の情報との関連（インパクト）に意識を集中する必要があります。そしてこの意識の向け方の差が、趣味人と創造者の違いを生むのです。空白地帯に横たわる未踏の山に至る舗装された道（確立された方法論）はなく、そこに分け入るには勇気が必要ですし、谷に落ちる（成果が出ない）リスクもあります。

しかし、本書で述べたようにそのリスクを最小化する方法があり、それを実行することでリスクを避けようとする意識の壁を克服できるのです。創造力を長期にわたり発揮してきた人々は、例外なくこのことを実行しています。彼らからそれを学び、忠実かつ地道に実行することで、万人に宿る潜在能力である創造力を鍛えることができるのです。本書がその一助になれば幸いです。

二〇二四年十一月

上田正仁

## 参考資料一覧


【第1章】

ザ・ビートルズの歴史的名曲「Yesterday」の誕生秘話：ポールやメンバー、関係者の発言で振り返る（udiscovermusic.jp）

貧農から〝スターの靴職人〟へ　「フェラガモ」創業者の生涯をたどる　WWDJAPAN（wwdjapan.com）

・サルヴァトーレ・フェラガモのストーリー　スタッフブリッジ（staff-b.com）

・受け継がれてきた信条が、最高のシューズを生み出す　DOL plus「ダイヤモンド・オンライン」（diamond.jp）

ニュートリノって何？　スーパーカミオカンデ公式ホームページ（https://www-sk.icrr.u-tokyo.ac.jp）

・ノーベル物理学賞は日本のお家芸　ニュートリノや身近なＬＥＤ発明「朝日新聞デジタル」（asahi.com）

・２０１５年ノーベル物理学賞！　ニュートリノ振動の発見　京都大学理学研究科・理学部（sci.kyoto-u.ac.jp）

カミオカンデシリーズで生まれた2つのノーベル賞　ハイパーカミオカンデ（https://www-sk.icrr.u-tokyo.ac.jp）

白川英樹氏　独創の軌跡「日経サイエンス」（nikkei-science.com）

・白川英樹―★ノーベル化学賞をわかりやすく―　Cute.Guides at 九州大学附属図書館　Kyushu University Library（guides.lib.kyushu-u.ac.jp）

・ノーベル賞受賞者・白川英樹先生からのメッセージ（kodomokoho.metro.tokyo.lg.jp）

【第2章】
Google Scholarを使いこなす：基本編　公立はこだて未来大学情報ライブラリー（library.fun.ac.jp）

【第3章】
【大谷翔平のマンダラチャートに学ぶ】夢を実現できる人のワザ「具体化」の効果とは？　注目の1冊「ダイヤモンド・オンライン」（diamond.jp）
ノーベル物理学賞、素粒子研究の日本人3氏に　年末年始特集「朝日新聞」（asahi.com）
小林・益川理論　50年（上）宇宙はなぜ存在するのか　6種類のクォークを予言「東京新聞　TOKYO Web」（tokyo-np.co.jp）
・名古屋大学2008ノーベル賞展示室　Phisics（sci.nagoya-u.ac.jp）
番外編　益川敏英名誉教授　京都大学（kyoto-u.ac.jp）
ジェフ・ベゾスの育て方～なぜ好奇心旺盛な人間になったのか?～「Promapedia（プロマペディア）」（ssaits.jp）
・〝再び〟世界一のお金持ちに！　アマゾンCEOジェフ・ベゾスの華麗なる半生　Business Insider Japan（businessinsider.jp）
・世界一の富豪ジェフ・ベゾスが創業したアマゾンの軌跡「Forbes JAPAN 公式サイト」（forbesjapan.com）

なぜ、アマゾンは書籍をインターネットで売るビジネスから始めたのか？　スタートアップを科学する9つのフレームワーク「ダイヤモンド・オンライン」（diamond.jp）
amazon時価総額、創業27年で200兆円。ベゾスはいかにして〝ECの巨人〟を成長させてきたか　Business Insider Japan（businessinsider.jp）
「成功確率は10％」アマゾン創業者ジェフ・ベゾスはなぜ賭けに勝てたのか　個人資産20兆円に達した男の考え方（2ページ目）「PRESIDENT Online（プレジデントオンライン）」（president.jp）
アマゾン、初の時価総額2兆ドル超え　AI巡る楽観論が追い風（bloomberg.co.jp）

【第4章】
Vol.07 アルベルト・アインシュタイン／理論物理学者「sciencingstyle」（sciencingstyle.com）
・アインシュタインってどんな人？　生涯や人物像、心に響く名言を紹介「Domani」（domani.shogakukan.co.jp）
・アルベルト・アインシュタイン「Wikipedia」（a.wikipedia.org）
『やり抜く力』アンジェラ・ダックワース著、神崎朗子訳（ダイヤモンド社）P60－65
IQ200～135の優秀な生徒1528人を35年間追跡調査した結果…「知能指数」と「人生の成功」についての意外な結論　平凡なIQの人が不利だとは限らない　（4ページ目）「PRESIDENT Online（プレジデントオンライン）」（president.jp）
絶対音感は生まれつきの才能？　身につけるトレーニング法やメリット・デメリット「アニメ・声優・マン

ガ・イラストの専門校　代々木アニメーション学院」(yoani.co.jp)
五輪メダル500個の道のりは？　獲得数が急増したワケ　〝お家芸〟でメダル量産？【#みんなのギモン】
『日テレNEWS NNN』(news.ntv.co.jp)
・五輪「金」1870個で〝真の1位〟はカリブ海に浮かぶ島国のワケ…日本は「金」20個に浮かれると再び冬の時代到来　全競技のメダル総数100とすると、パリ五輪の日本の成績は今イチ「PRESIDENT Online（プレジデントオンライン）」(president.jp)
先天的才能が低くても成功する人が持つ「グリット」とは「PRESIDENT Online（プレジデントオンライン）」(president.jp)
・スポーツ歴史の検証15　有森裕子　笹川スポーツ財団 (ssf.or.jp)
・「素人は要らない」と断られた、高校陸上部～有森裕子さんが語るマラソン人生（1）～女性アスリート健康支援委員会「時事メディカル　時事通信の医療ニュースサイト」(medical.jiji.com)
・有森裕子さん：教育を語る「子ども応援便り」(kodomo-ouen.com)
ひたすら同じメニューを食べ続ける…大谷翔平がアメリカに渡ってから続けているストイックすぎる食生活　ダルビッシュ有の指導を受けてメニューも変化（2ページ目）「PRESIDENT Online（プレジデントオンライン）」(president.jp)
・大谷翔平とヌートバー「虎の穴」で飛躍　成長要因は秘密？　日本のプロ選手も続々「朝日新聞GLOBE+」(globe.asahi.com)
朝永振一郎博士について　筑波大学 (tsukuba.ac.jp)

朝永振一郎「Wikipedia」
・ライバル、朝永振一郎　大阪大学大学院理学研究科・理学部　湯川記念室（www-yukawa.phys.sci.osaka-u.ac.jp）
『自然』1962年10月号、『鏡のなかの世界』収録

【第5章】
ノーベル賞天野氏、「1500回失敗しても続けた」「日経ビジネス電子版」（bussiness.nikkei.com）
LEDの歴史・発明　大塚商会（otsuka-shokai.co.jp）
・なぜ青色LEDはノーベル賞を受賞したか？　日本人による革命的発明の裏側「LED TOKYO」（led.led-tokyo.co.jp）
・赤﨑勇教授&天野浩教授　The Nobel Prize-winning researchers（ノーベル賞受賞の研究者たち）名城大学（meijo-u.ac.jp）
ノーベル賞受賞者・天野浩さんが窒化ガリウムで挑む半導体革命【博士の20年】『サイエンスZERO』NHK（nhk.jp）
【ノーベル物理学賞中村修二氏、独占インタビュー】なぜ、中村氏は不可能と言われた20世紀中の青色LED開発に成功できたのか？　News&Analysis「ダイヤモンド・オンライン」（diamond.jp）
中村修二「Wikipedia」（ja.wikipedia.org）
ランナーズハイ（生体）「Wikipedia」（ja.wikipedia.org）

ノーベル賞　これまでに受賞した日本人は米国籍取得者含め28人　ノーベル賞２０２３「NHK NEWS WEB」(www3.nhk.or.jp)

・日本人はノーベル賞を取れなくなる？　進む科学技術力のちょう落「サイカル journal」ＮＨＫ(www3.nhk.or.jp)

【親になるということ】話を聞くということと、言いなりになるということの違い「koedo」(ko-edo.com)

PHP INTERFACE
https://www.php.co.jp/

上田正仁［うえだ・まさひと］

東京大学大学院理学系研究科教授。
1963年大阪生まれ。1988年東京大学大学院理学系研究科修士課程修了。博士（理学、東京大学）。NTT基礎研究所研究員、広島大学工学部助教授、東京工業大学大学院教授等を経て、2008年より現職。専門は冷却原子を用いた気体のボース=アインシュタイン凝縮の理論的研究、および量子情報・測定・情報熱力学。2012年から駒場の教養課程で「基礎方程式とその意味を考える」を開講。大学に入ったばかりの1、2年生を対象にこれから進むべき指針となる「人生の基礎方程式」を説き、自由闊達に質問が飛び交う対話形式の講義は心揺さぶられ、ためになる授業として大きな反響を呼んだ。

東大物理学者が教える
創造力のレッスン
（PHP新書 1415）

二〇二四年十二月二十七日　第一版第一刷

著者――――上田正仁
発行者―――永田貴之
発行所―――株式会社PHP研究所
東京本部――〒135-8137 江東区豊洲5-6-52
ビジネス・教養出版部 ☎03-3520-9615（編集）
普及部 ☎03-3520-9630（販売）
京都本部――〒601-8411 京都市南区西九条北ノ内町11
組版――――株式会社PHPエディターズ・グループ
装幀者―――芦澤泰偉＋明石すみれ
印刷所
製本所―――TOPPANクロレ株式会社


ISBN978-4-569-85832-6

# PHP新書刊行にあたって

「繁栄を通じて平和と幸福を」(PEACE and HAPPINESS through PROSPERITY)の願いのもと、PHP研究所が創設されて今年で五十周年を迎えます。その歩みは、日本人が先の戦争を乗り越え、並々ならぬ努力を続けて、今日の繁栄を築き上げてきた軌跡に重なります。

しかし、平和で豊かな生活を手にした現在、多くの日本人は、自分が何のために生きているのか、どのように生きていきたいのかを、見失いつつあるように思われます。そして、その間にも、日本国内や世界のみならず地球規模での大きな変化が日々生起し、解決すべき問題となって私たちのもとに押し寄せてきます。

このような時代に人生の確かな価値を見出し、生きる喜びに満ちあふれた社会を実現するために、いま何が求められているのでしょうか。それは、先達が培ってきた知恵を紡ぎ直すこと、その上で自分たち一人一人がおかれた現実と進むべき未来について丹念に考えていくこと以外にはありません。

その営みは、単なる知識に終わらない深い思索へ、そしてよく生きるための哲学への旅でもあります。弊所が創設五十周年を迎えましたのを機に、PHP新書を創刊し、この新たな旅を読者と共に歩んでいきたいと思っています。多くの読者の共感と支援を心よりお願いいたします。

一九九六年十月

PHP研究所